Uma Presença Ausente

Monica Tolipan

Uma Presença Ausente

Jorge Zahar Editor
Rio de Janeiro

Jorge Zahar Editor Ltda.
rua México 31 sobreloja
20031-144 Rio de Janeiro, RJ
tel: (21) 2240-0226 / fax: (21) 2262-5123
e-mail: jze@zahar.com.br
site: www.zahar.com.br

Capa: Sérgio Campante
Foto da capa: Pepe Schettino

CIP-Brasil. Catalogação-na-fonte
Sindicato Nacional dos Editores de Livros, RJ.

T588p Tolipan, Monica
Uma presença ausente / Monica Tolipan. — Rio de Janeiro: Jorge Zahar Ed., 2002

Inclui bibliografia
ISBN 85-7110-662-2

1. Autismo. I. Título.

02-1032 CDD 616.8982
CDU 616.895.8

Para Liliane Tolipan, minha mãe
in memoriam

Para Fausto Wolff

Para Ricardo e Ernestina Mack Filgueiras

Sumário

Prefácio

Criado para designar a perda de contato do esquizofrênico com a realidade, o termo *autismo* foi introduzido em 1907 por Eugen Bleuler — psiquiatra alemão que teve o mérito de ter sido o primeiro a fazer uma utilização psiquiátrica das teorias psicanalíticas — como um dos quatro sintomas básicos da esquizofrenia (termo igualmente criado por ele), seus "quatro As": distúrbios das associações, da afetividade, autismo e ambivalência.* Na carta de Jung, discípulo de Bleuler em Zurique, endereçada a Freud em 13 de maio de 1907, descobre-se que o termo autismo nasceu de uma curiosa contração produzida pelo psiquiatra no termo "auto-erotismo", criado por Havelock Ellis e adotado por Freud: dele, Bleuler retirou o *eros*, numa veemente resistência às concepções freudianas sobre a sexualidade.

Nomeado em 1943 por Leo Kanner, a partir do estudo de onze observações clínicas, o autismo infantil precoce tem constituído um objeto de investigação sistemática por parte dos psicanalistas nas últimas décadas, e uma pluralidade de teorizações tem sido formulada para tentar explicá-lo. Para se ter uma idéia, basta ler um recente

* Quinet, A., "A psicopatologia da esquizofrenia: Bleuler com Freud e Lacan", in Sônia Alberti (org.), *Autismo e esquizofrenia na clínica da esquize*, Rio de Janeiro, Rios Ambiciosos, 1999.

trabalho de Sheila Abramovitch*, no qual a autora repertoria as diferentes concepções sobre o autismo passíveis de serem encontradas, hoje, na psicanálise: Frances Tustin diferencia o autismo da esquizofrenia a partir de uma falha na relação mãe-filho, quando a criança vivencia logo nos primeiros dias de vida a separação da mãe de uma forma traumática; Colette Soler considera o autismo como um ponto extremo da estrutura psicótica, caracterizada pelo mecanismo único da foraclusão do Nome-do-Pai; Rosine e Robert Lefort situam o autismo como um estado ao qual ainda não corresponde uma estrutura clínica definida, sendo, portanto, um distúrbio mais precoce do que a psicose; para Marie-Christine Laznik-Penot, igualmente, ocorrendo antes do estádio do espelho, o autismo não é uma psicose; Pierre Bruno, por sua vez, aproxima o autismo da esquizofrenia e reserva o termo para aquelas esquizofrenias desencadeadas muito precocemente.

Agora, estamos diante dos questionamentos trazidos pelo trabalho de uma psicanalista brasileira. A partir de uma longa e rica reflexão clínica, a psicanalista Monica Tolipan vem agora pôr a público o resultado inicial de suas investigações sobre o autismo. Movida pela experiência, ela nos faz partilhar do enigma dessa patologia através de construções teóricas inteiramente originais e instigantes: o autismo seria a manutenção da ligação da criança com a mãe num estado hipnótico. O tratamento residiria no processo contra-hipnótico da criança através da hipnose da mãe. Teses inéditas, surpreendentes, embora solidamente apoiadas na evolução documentada de algumas crianças sob seu tratamento.

O trabalho de Monica Tolipan impressiona por sua forte veia de pesquisadora e pela intuição clínica levada a sério. A ousadia de recolocar em cena aquilo que a psicanálise descartou ao se constituir — a hipnose — serve, pelo menos, para que nós, psicanalistas, tenhamos sempre em mente os limites de nosso saber e a necessidade de nos curvarmos diante do real que a clínica nos presentifica a cada

* Abramovitch, S., "Correntes teóricas sobre o autismo infantil precoce", in Antonio Quinet (org.), *Psicanálise e psiquiatria – controvérsias e convergências*, Rio de Janeiro, Rios Ambiciosos, 2001.

vez que avançamos. Aonde essa investigação a levará, não sabemos, mas sabemos valorizar, com Freud, a afirmação do escritor inglês Oliver Cromwell (que ele admirava tanto que chegou a batizar um de seus filhos com o prenome Oliver): "Nunca vamos tão longe como quando não sabemos aonde vamos."

Fui um dos primeiros a ler e reler seu trabalho. Conversei com a autora sobre ele algumas vezes e impressionei-me, nesses encontros, não só com sua capacidade de construir hipóteses e desdobrá-las logicamente, como também com a autenticidade de seu percurso. Estimulei-a no sentido de publicá-lo e, divulgando-o, manter sua firme posição de não se deixar esmorecer pelos dogmas, sempre prontos a erguer barreiras contra o pensamento criativo. O leitor deve formar sua própria opinião, mas sabendo desde já que Monica Tolipan apresenta seu percurso numa linguagem fluente e agradável, que nos contagia com seu entusiasmo.

MARCO ANTONIO COUTINHO JORGE
psicanalista, professor-adjunto do
Instituto de Psicologia/UERJ
Rio de Janeiro, 3 de junho de 2002

Introdução

Este livro é a história da construção de uma teoria. Preferi escrevê-lo desse modo, tal como uma reportagem, tal como vivi e me impliquei nessa história. Decidi trazer os fatos em sua dinâmica, e as circunstâncias que me levaram às hipóteses e ao modelo teórico clínico que tenho utilizado na terapêutica do autismo. Dessa forma este livro pode interessar não somente a psicanalistas como também a qualquer profissional que trabalhe com crianças: educadores, pediatras, neurologistas, psiquiatras, e quem sabe, qualquer um que se interesse pelos primórdios da vida humana.

O autismo é a primeira psicopatologia, a mais precoce de todas, podendo às vezes ser identificada nos primeiros meses de vida. Portanto, minha teoria desse mal é também uma teoria do nascimento e da constituição de um novo sujeito. Minhas investigações me conduziram à seguinte conclusão: o que chamamos de autismo não é uma síndrome, mas sim um *estado*, uma configuração psíquica que envolve todo o organismo, tal como o sono fisiológico. O que tentei trazer neste texto foi a linha de pensamento que me fez chegar a essa conclusão. Não foi fácil encontrar uma linguagem que desse conta do recado. Quando se faz uma teoria, cria-se uma série de termos e conceitos, quase que um idioma para se referir às novas idéias em jogo. Às vezes se torna impossível traduzi-los em linguagem coloquial. Mas foi exatamente o que tentei fazer. E, mais ainda, tentei oferecer um novo ângulo de visão sobre a reprodução, o nascimento e os fenômenos que envolvem o evento da criação do homem.

É, enfim, um relato da evolução do meu pensamento. Pensamento que teve origem no trabalho clínico e que tem como objetivo a clínica. Emana da clínica para voltar a ela. É uma produção que tenta integrar mais de trinta anos de trabalho com crianças, vinte dos quais na clínica psicanalítica do autismo e das psicoses da infância.

Não disponho ainda de dados sistematizados que me permitam afirmar a comprovação de minha teoria, e à medida que tenho utilizado um novo modelo teórico clínico, um leque de opções originais de estudo tem se apresentado. O que às vezes nos parece patológico pode ser um recurso, uma ferramenta, um talento ou potencial que, por não sabermos usar, se volta contra nós, produzindo um enorme sofrimento.

Enfim, creio que o que sustenta minha ousadia é o desejo de intervir sobre esse sofrimento, seja para transformá-lo em criação, produção de sentido (o ideal), seja apenas para atenuá-lo.

capítulo I

A experiência sistematizada

Observações clínicas: a ausência de dor física e a imunidade relativa

Ele estava abraçado a uma das pilastras que sustentam o pequeno prédio construído para ser o auditório do Hospital Psiquiátrico de Jurujuba, em Niterói. De repente, afastou o corpo da coluna o quanto seus braços o permitiam, sem deixar de segurá-la com ambas as mãos. Procurando dar o maior impulso que pudesse, começou a bater fortemente a cabeça contra o concreto. Fazia um barulho surdo e ele prosseguia neste movimento como se não pudesse parar.

Aproximei-me, impressionada com a cena, e falei em tom firme, mas sem elevar a voz:

— Pára com isso!

Como ele parecia não ter me ouvido e prosseguisse naquele movimento ritmado, repeti, elevando um pouco a voz:

— Pára com isso.

Ele parou imediatamente e, suspirando aliviado, olhou-me agradecido, como se precisasse de uma ordem para interromper aquele ritual de autoflagelação.

— *Elezinho* fica com muita raiva e aí se bate, disse, referindo-se a si mesmo.

Era Daniel*, e foi assim que o conheci em 1988, quando fui convidada pelo dr. Paulo Roberto Fagundes, então diretor da instituição, para dar supervisão clínica a alguns profissionais.

---

* Os nomes de todos os pacientes e seus familiares são fictícios.

Olhei a sua cabeça para ver se havia se machucado, tal a força que empregara em seu flagelo. Nada. Nem um arranhão ou sequer vermelhidão.

— Não dói?, perguntei.

— Não, respondeu-me ele.

Pareceu-me aliviado pelo fato de eu não o ter repreendido ou lhe dado conselhos. Mostrei-me interessada nele.

— Elezinho faz isso quando está com raiva, repetiu como se quisesse continuar a conversar.

— Raiva de quê?, perguntei.

— Raiva daquele lá, disse, apontando para um dos funcionários do hospital responsável pela limpeza.

Para Daniel, ninguém tinha um nome. A única distinção que fazia era de gênero — *elezinho* ou *elazinha*, que usava indiscriminadamente para designar as pessoas, inclusive a si mesmo.

Daniel é um desses personagens folclóricos de hospício. Muito magro e encurvado, era conhecido por ser "o engolidor de coisas". Certa vez, engoliu seis objetos consecutivamente: um pedaço de antena de rádio, uma bola de gude, um cabo de colher, um cadeado e outros dois que não lembro.

Já havia sido submetido a sete cirurgias ao longo de sua vida para extração dos objetos e exibia uma grande cicatriz vertical no abdômen como troféu.

No hospital circulavam boatos de que ele já havia aparecido na televisão, engolindo coisas.

Segundo constava em seu prontuário, Daniel teve sua primeira internação aos 11 anos. Desde então, passara por diversas instituições psiquiátricas até que aos 18 anos, com a morte de seu pai, foi internado definitivamente.

Nessa época, ele tinha 29 anos, mas parecia muito mais velho.

Alguns meses depois do episódio da pilastra, a psicóloga que o acompanhava, dra. Cláudia Osório, e a quem ele atribui o "início de sua recuperação" foi transferida para outra instituição. Como ele se mostrasse muito aflito com a perda de sua psicóloga, a direção do hospital prometeu-lhe que outra profissional assumiria seu lugar.

Sabendo que eu era amiga pessoal de Cláudia, Daniel procurou-me no ambulatório com um papelzinho na mão.

A essa altura, eu já havia assumido a chefia do setor e me transformara possivelmente numa autoridade para ele.

Entregou-me um bilhete que havia sido escrito por outra pessoa — já que ele é analfabeto — a quem ele ditara apenas uma frase: "A direção do hospital tem que entender que Elezinho não tem a capacidade de amar todas as mulheres do mundo."

Na semana seguinte, Daniel comunicou à enfermagem que havia engolido uma tesoura. Ninguém acreditou. Ele continuava a se alimentar, dormir, urinar e defecar normalmente. Não havia nenhum sinal clínico de que ele pudesse conter em seu estômago um objeto pontiagudo e cortante.

Quando a notícia chegou aos ouvidos da equipe de direção, da qual eu fazia parte, decidimos solicitar um raio-X de tórax e abdômen. Queríamos nos tranqüilizar embora, como todos, pensássemos que se tratava de alguma produção delirante de Daniel. Para nossa surpresa, lá estava, muito visível no raio-X, a tesoura, uma tesoura de unhas meio inclinada, com a ponta para baixo, apoiada na parede do estômago.

Era difícil entender o que víamos. Não nos parecia possível que Daniel não apresentasse qualquer processo infeccioso ou hemorrágico. Ele continuava a se alimentar normalmente e, pelos movimentos peristálticos do estômago, a tesoura já devia ter lhe produzido alguma lesão.

Começamos então a providenciar a extração da tesoura, o que não era simples. Segundo avaliação médica, as sete cirurgias anteriores já haviam diminuído muito sua área gástrica e a conduta mais indicada, em princípio, seria a retirada da tesoura por endoscopia, ou seja, pela introdução de um tubo na boca que, contendo uma pinça, alcançaria o objeto e o extrairia. Ainda assim, havia o risco de a ponta da tesoura, na passagem, lesionar as paredes internas da laringe ou da faringe. Mas, após algumas avaliações, acabamos decidindo mesmo pela endoscopia.

Para Daniel, que não parecia sofrer absolutamente com a presença da tesoura em seu estômago, o motivo de preocupação era a anestesia. Tinha horror à idéia de ser novamente submetido a qualquer procedimento anestésico.

"Sem anestesia", pedia ele insistentemente ao ser informado das providências que estávamos tomando. Segundo ele, a anestesia lhe fazia muito mal, causava-lhe muito sofrimento.

É impossível precisar o intervalo de tempo entre o momento em que Daniel engoliu a tesoura e sua retirada, pois ele próprio não sabia exatamente quando a havia engolido. Disse ter levado alguns dias para comunicar o fato pois temia ser repreendido pela equipe técnica.

A endoscopia surpreendeu tanto quanto o raio-X, pois a tesoura saiu limpa, sem nenhum vestígio de sangue ou de infecção, o que impossibilitava determinar com exatidão o tempo de permanência do objeto em seu corpo.

A impressão que esses fatos nos causavam era a de que Daniel se encontrava num "estado de imunidade", "protegido" por algum recurso que desconhecíamos e que nos fazia lembrar o "corpo fechado" da macumba e dos ritos afro-brasileiros.

Esse episódio chamou minha atenção sobre a "imunidade" que parece envolver os esquizofrênicos de um modo geral. A baixíssima incidência de enfermidades orgânicas nesses pacientes que são capazes de comer qualquer coisa que esteja a seu alcance (de objetos a baratas, fezes, urina) já havia sido observada por autores da psiquiatria clássica, como Karl Meyer Gross.

O caso de Daniel impressionou-me de uma forma muito singular — como se eu tivesse sido surpreendida por algo que já soubesse há muito tempo. Graças a ele fui levada a rever minha experiência clínica sob dois aspectos: a imunidade e a ausência de dor física.

Eu havia feito a mesma observação em relação a crianças autistas, mas atribuía sua "imunidade" a uma suposta maior proteção por parte dos pais. Se é verdade que isso acontece em alguns casos, não é regra geral. Muitas vezes, ao contrário, as crianças autistas são deixadas de lado, entregues à própria sorte.

Quanto à ausência de dor física, eu já tinha reunido vários episódios que me faziam supor que crianças autistas tivessem sua sensibilidade muito alterada e muito diferenciada em relação a outras crianças, especialmente no que diz respeito à dor.

Passei a observar mais atentamente os pacientes psicóticos, particularmente quanto aos aspectos *dor* e *adoecer.* Da mesma forma, comecei a fazer um exame retrospectivo de minha experiência, agora com outro olhar. Felizmente, eu havia guardado anotações que me permitiram recompor a linha de pensamento que tentarei seguir agora.

Nessa época, além de trabalhar no Hospital Psiquiátrico de Jurujuba, eu integrava a equipe de profissionais do CENPI (Centro de Neurologia e Psiquiatria Infantil), dirigido pelo dr. Paulo César Muniz, atendendo principalmente aos casos de autismo e psicose infantis. Pelo fato de ser uma clínica privada, e de atender basicamente a crianças e adolescentes, ela me oferecia, junto ao Hospital Público, um leque social de investigação e pesquisa bastante amplo.

Já observei várias vezes em minha vida que, quando nos interessamos profundamente por algum fato ou fenômeno, a impressão que temos é a de que eles vêm ao nosso encontro. É claro que não se trata disso. Prefiro acreditar que eles sempre vieram ao nosso encontro, sempre estiveram presentes, mas nós não os percebíamos, não lhes dávamos atenção e eles pareciam não existir.

O fato é que, a partir do momento em que me dispus a observar a *dor* e o *adoecer* em psicóticos em geral, crianças ou adultos, passei a dispor de um grande acervo de exemplos, que ora confirmavam uma hipótese que ainda era embrionária, ora me confundiam.

Pouco tempo após o episódio da "tesoura", recebemos no Hospital Psiquiátrico uma paciente em pleno surto psicótico e que era portadora do HIV, o vírus da Aids. Leila não era minha paciente, o que dificultava minha aproximação do caso. Procurei os profissionais que a atendiam. Este caso, aparentemente, fazia desmoronar a minha hipótese. Na verdade, Leila havia apresentado um surto psicótico depois de haver contraído o vírus.

Posso adiantar agora que, durante nove anos, ela jamais adoeceu até sua morte súbita. Eu voltava de férias quando soube da notícia de seu falecimento, aparentemente como decorrência do vírus.

O caso chamava atenção porque ela fora a única paciente de que tive notícia no ambulatório, nos nove anos em que trabalhei na instituição, portadora do vírus. E atentem para o detalhe de que o ambulatório do Hospital Psiquiátrico de Jurujuba realizava, em média, mais de mil atendimentos por mês!

Era impossível que ela tivesse morrido devido ao vírus sem ter adoecido, e eu lembrava de tê-la visto antes de minhas férias, quando me parecera muito bem de saúde. Era uma resposta que só se sustentava na conveniência, mas não em conhecimento de causa. A morte de Leila me parecia um enigma. Mas só a mim!

A profissional que a atendia em psicoterapia havia deixado a instituição alguns meses antes e seria difícil contatá-la. Para os outros parecia natural que a Aids fosse a *causa mortis*.

Foi Aloísio, um paciente psicótico que fora namorado de Leila, quem me sugeriu que ela teria se suicidado, tomando 40 ou 60 comprimidos — ele não sabia bem — da medicação psiquiátrica que costumava usar. Ele estava muito amargurado, pois atribuía a si a culpa pela morte da ex-namorada; acreditava que o rompimento do namoro fosse a verdadeira causa de seu desespero e de seu suicídio. Ele mesmo preferia que todos pensassem que fora a Aids, e não ele, a responsável pela morte de Leila.

Para a família da moça também parecia ser conveniente atribuir ao vírus a responsabilidade por sua morte. Não queriam parecer descuidados por deixarem ao alcance dela a medicação que, tomada em excesso, poderia ser fatal. Um suicídio mobiliza sempre fantasias e "fantasmas" de todas as pessoas ligadas ao morto de alguma forma. O suicida transforma-os todos em homicidas, fazendo emergir uma culpa fantasmática, difícil de aplacar, e que facilmente se transforma em ódio.

O fato é que ninguém sabia dizer que doença havia atingido Leila.

E, se minha hipótese está correta, ela fora vítima do mesmo recurso que a havia protegido durante tanto tempo: a doença mental. Seu guardião havia se transformado em seu algoz.

Dez anos atrás, entretanto, eu não teria como imaginar a evolução e o desfecho dessa história. De qualquer forma, chamava-me a atenção o fato de que ela fosse a única paciente portadora do HIV naquele hospital.

Nessa época, uma amiga, Sílvia Ramos, coordenava a ABIA (Associação Brasileira Interdisciplinar da Aids), e perguntei-lhe informalmente sobre a incidência de doentes mentais portadores da síndrome. Lembro-me de seu espanto diante da pergunta e da sua declaração de que nunca havia pensado no assunto. Levou algum tempo para responder que jamais havia chegado à organização que coordenava qualquer doente mental. E recordou-se então de um portador do vírus que havia apresentado um surto psicótico após tê-lo contraído.

Era inevitável que eu fizesse uma associação imediata entre esse caso relatado por Sílvia e o de Leila. Era inevitável, também, que eu começasse a esboçar minha hipótese — a de que o que chamamos de loucura ou doença mental pudesse ser um recurso defensivo do organismo que se voltasse contra nós porque não o conhecemos ou porque não sabemos usá-lo. Teríamos de aprender a usar a loucura.

De alguma forma, eu estava invertendo o sentido da conversão histérica que, para Breuer e Freud, era a possibilidade de o sofrimento psíquico converter-se em sintoma físico. A "conversão psicótica" faria então o sentido inverso, em que um sintoma físico convertia-se em sintoma psíquico. A conversão teria assim mão-dupla.

Eram conjecturas e especulações, sem dúvida, mas sem os quais se torna impossível o trabalho de criação teórica.

Abro aqui um parêntese para falar da solidão que envolve a criação, seja ela teórica ou artística. As pessoas agem e pensam tal como lhes ensinaram a agir e pensar, e qualquer pensamento que escape ao modelo mental regente pode parecer muito ameaçador. Tenho consciência de que não estou afirmando nenhuma novidade, pois é sabido que um bem desconhecido pode parecer mais perigoso do que os males já conhecidos. Isso independentemente da configuração neurótica que sustente esses males. A mediocridade, infelizmente, é majoritária. Felizmente, não é determinante. Digo isso porque ela não se determina — é determinada.

Sem entrar, por enquanto, em considerações sobre os mecanismos que sustentam os modelos de pensamento e ação (mesmo quando estes modelos não são satisfatórios), informo ao leitor a constatação de um fato fundamental: quem se dispuser ao ato de criação terá de suportar a solidão que ele implica; terá de saber que, pelo menos durante algum tempo, não terá sequer um interlocutor disponível, pois todos lhe parecerão surdos. Dificilmente obterá reconhecimento do valor de sua produção até que ela comece a se revelar útil ou vantajosa. E quase sempre isso leva muito tempo para acontecer.

Não será uma solidão necessariamente desagradável ou dolorosa, se este processo for, em si, prazeroso para quem o pratica. O exercício da curiosidade, da descoberta e da criação contém em si uma espécie de satisfação muito singular e legítima: a de adiar a morte. A criação é o maior inimigo da morte. Mas o pensamento criativo exige uma liberdade que se torna impossível sem algum isolamento. Talvez por isso eu tenha me imposto um estudo solitário sobre a dor e o adoecer, que me pareciam, em princípio, intimamente relacionados.

Naturalmente, fui buscar na obra freudiana, referências sobre a dor, e me deparei com *O projeto*, texto de 1895, considerado por muitos autores o texto inaugural da psicanálise. Leitura difícil, principalmente quando solitária, e que me tomou muito tempo. Não entrarei em considerações teóricas porque não é disso que este livro trata; tentarei apenas expor o fio condutor de meu pensamento para que o leitor possa acompanhar a lógica dos fatos que me levaram às hipóteses que formulei e ao "esquema teórico" sobre os quais construí o modelo terapêutico que agora começo a utilizar com algum sucesso.

Embora tenha selecionado na época alguns textos sobre a neurofisiologia da dor, procurei manter-me em meu campo, a psicanálise. Tive também a preocupação e o cuidado de manter-me fiel à liberdade de pensamento a que me propus, questionando sempre tanto os autores que lia quanto a mim mesma. Tornei-me, em muitos momentos, meu próprio advogado do diabo. Era como se eu dialogasse com um sósia antagonista.

Foi com essa disposição que passei em revista toda minha experiência clínica em relação ao autismo e à psicose. E assim recomeça uma outra história.

Foi em 1977 que atendi pela primeira vez uma criança autista. Eu morava em Santa Rosa, cidade do interior do Rio Grande do Sul, e era diretora da Escola Especial para Excepcionais da APAE (Associação de Pais e Amigos dos Excepcionais).

Fabrício tinha 4 anos quando seus pais me procuraram para diagnóstico e tratamento. Era o primeiro filho de um casal jovem de classe média tipicamente rural. Não tinham instrução superior mas conheciam bem o que importava saber para sobreviver naquela cidade. Viviam em segurança e, desde que se casaram, desejavam muito ter um filho.

Procuraram ajuda, pois o menino era muito agitado e ainda não falava, ou melhor, emitia sons guturais às vezes articulados, porém ininteligíveis. Dava a impressão de ser surdo, porque não respondia quando o chamavam. A suspeita de surdez, no entanto, não se sustentava, pois ao mesmo tempo era capaz de reagir a estímulos sonoros como um estalar de dedos e reconhecer a voz de sua mãe à distância, o que demonstrava através de uma agitação motora bastante singular: pulava de um pé para outro, enquanto agitava os braços como se fosse voar.

Às vezes ria ou chorava muito sem nenhum motivo aparente, o que assustava seus pais. Chegaram a pensar que estivesse possuído por algum mau espírito e o levaram a uma benzedeira, o que de nada serviu. O menino continuava o mesmo.

Seu olhar "parado", segundo os pais, era capaz de fixar-se por longo tempo em uma coisa qualquer em movimento.

Tinha sido um bebê muito quieto. Não chorava e não solicitava alimentação nem o colo da mãe, o que ela achava, então, bom sinal: "Era um bebê muito bonzinho, que não dava trabalho nenhum", afirmava.

Foi quando Fabrício começou a andar, em torno de um ano e pouco, que os pais perceberam a estranheza do menino: não parava quieto e seus movimentos pareciam não ter nenhum objetivo. Somente a partir dos 3 anos começaram a se preocupar com a bizarrice da criança, pois até os parentes e vizinhos comentavam. "Não falava nem mamãe", dizia sua mãe decepcionada. Ela tentava interpretar a agitação do menino ao vê-la ou ouvir a sua voz como manifestação de alegria, "mas", dizia, "ele parecia não querer se aproximar de mim, nunca".

O que os consolava, no entanto, era a "coragem" de seu filho (qualidade muito valorizada na região). "Ele é muito macho", dizia seu pai orgulhoso. "Não chora quando se machuca, quando toma injeção e até mesmo quando apanha. Parece que nem é com ele."

Fabrício estava sempre muito machucado. Sua mãe tentava se desculpar porque poderia parecer relapsa: "Eu cuido muito, mas parece que ele nem percebe quando tropeça nos móveis. Às vezes ele morde os dedos com tanta força que chega a sangrar. Daí ele chupa o sangue e ri. Chega até a me dar nervoso." E ela se arrepiava como se falasse de algo demoníaco.

O que mais me impressionava nessa criança era sua inacessibilidade. Era como se estivesse completamente ausente. Era uma presença ausente. Nenhum gesto, nenhum movimento seu parecia conter qualquer intenção de se comunicar, fosse comigo ou com qualquer outra pessoa. E nenhum gesto, movimento ou palavra que eu dissesse pareciam ter algum valor significativo para ele. Dava a impressão de ser um autômato sem controle, uma máquina desgovernada que se movimentava sem nenhuma lógica.

— Fora isso, dizia sua mãe, ele é uma criança muito saudável. Não adoece nunca."

Na época, esse comentário pareceu-me completamente fora de propósito, pois Fabrício era uma criança muito doente. Mentalmente doente, é claro.

Fabrício foi meu batismo de fogo, uma vez que era a primeira criança autista que eu atendia psicanaliticamente. Não foi difícil diagnosticá-lo, pois era um caso muito típico de autismo precoce infantil — que é raro, pois hoje sabemos que os estados autísticos nos confundem muito. Agora denominamos falsos autismos (*autism-like*) — esses casos que costumam dar impressão de deficiência mental, pois não apresentam todas as características do autismo.

Ao longo dos primeiros seis meses de tratamento, todo o ânimo que eu tinha reunido para enfrentar uma situação nova parecia se esvaziar, esgotar e transformar progressivamente numa enorme impotência. O olhar de Fabrício se mantinha o mesmo, como se me atravessasse, não me visse, e, quando eu tentava intervir de forma mais incisiva, aproximando-me mais dele, tentando dirigir-lhe a palavra, ele parecia assustar-se muito. Sua agitação afetava a mãe, que às vezes passava duas semanas sem aparecer ou dar notícias. Fugia do tratamento. Se eu telefonasse à sua procura, ela desculpava-se muito e quando retornavam eu tinha a impressão de recomeçar do zero. Logo percebi claramente que ele reagia apenas quando eu me aproximava: agitava-se, emitia sons guturais e movimentava as mãos para cima e para baixo. Quando eu me afastava ele recuperava aos poucos uma certa tranqüilidade. Eu pensava que era no jogo de aproximação e recuo que eu poderia tentar alguma forma de comunicação, só não sabia o que fazer com isso.

A cidade de Santa Rosa fica a 540km de Porto Alegre, e eu era, na época, a única psicóloga da região, o que me deixava, na maior parte do tempo, sem interlocutor. Tanto meu trabalho como meu estudo eram muito solitários. Em função disso, busquei uma supervisão clínica em Porto Alegre com o dr. Ottoni Outeiral e sua equipe, a quem devo a base teórico-clínica para a entrada neste território tão árido e doloroso que é o das psicoses.

Fabrício nunca falou, ou seja, nunca aprendeu o sistema de signos que utilizamos para nos comunicar. Segundo a mãe, ela era a única a entender o que ele queria. No entanto, ele não apresentava nenhuma lesão cerebral ou alteração encefalográfica que justificasse essa impossibilidade de aprendizagem.

O tratamento de Fabrício me fez olhar de outra forma várias crianças que atendíamos na APAE e que haviam sido diagnosticadas como deficientes mentais.

Tínhamos uma equipe técnica pequena: um neurologista, um fonoaudiólogo que vinha de Santa Maria especialmente para o atendimento na Escola, uma assistente social e eu. Com alguma dificuldade, conseguimos contratar uma psicomotricista, um ortopedista com especialização em fisiatria e um psiquiatra. Posso afirmar hoje, com alguma vaidade, que na década de 80 tínhamos uma excelente equipe multidisciplinar, que me permitiu olhar aquelas crianças por diversos ângulos e com a qual pude aprender a me deslocar do meu campo de saber e me movimentar por outros sem grandes dificuldades.

Quando começamos o trabalho de revisão diagnóstica, pudemos perceber que muitas de nossas crianças não eram deficientes mentais. Sua dificuldade de aprendizagem, comunicação e adaptação provinha de comprometimento emocional. Autistas ou psicóticas, essas crianças se comportavam como deficientes diante da solicitação de resposta "normal". Eram consideradas retardadas por sua inadequação.

Além disso, pudemos observar que algumas crianças realmente deficientes mentais eram, com freqüência, acometidas por surtos psicóticos, principalmente na entrada da puberdade, ou quando se deparavam com alguma frustração ou perda muito significativa.

Tínhamos, então, uma superposição de quadros patológicos que nos confundiam quanto ao diagnóstico e ao tratamento.

Para a deficiência mental, já dispúnhamos desde aquela época de programas especiais de aprendizagem, além de uma classificação tão pragmática quanto útil: "educáveis", "treináveis" e "dependentes". No entanto, essas crianças apresentam uma estrutura de ego muito frágil para suportar perdas significativas, e com freqüência o luto patológico as conduz a uma condição psicótica. Para crianças autistas e psicóticas esses programas especiais de aprendizagem têm se mostrado inadequados, e na maioria das vezes as perturbam mais do que ajudam.

Ainda em Santa Rosa, atendi algumas crianças autistas ou psicóticas em psicanálise, tanto na APAE como no consultório, e pude observar a singularidade de cada evolução bem como a presença constante das características que começaram a nortear minha investigação: a ausência de dor física e o não-adoecimento. A impressão que eu tinha, então, é que seus corpos estavam tão ausentes quanto seus psiquismos. Tão ausentes a ponto de se tornarem impermeáveis a qualquer contágio.

Tive a oportunidade de observar esse fenômeno nas diversas classes sociais e mesmo em condições de miséria, como foi o caso de Mariana, única filha sobrevivente de uma mendiga cujos quatro irmãos haviam morrido de inanição e doenças infectocontagiosas.

— Só sobrou ela, dizia sua mãe. Ela nunca fica doente.

Foi impossível precisar o diagnóstico de Mariana, quando ela nos foi trazida por sua mãe à APAE. Mãe e filha necessitaram de cuidados básicos de higiene e alimentação antes que iniciássemos o trabalho de investigação diagnóstica.

Mariana tinha 7 anos aproximadamente. Digo aproximadamente pois nem sua mãe sabia informar a sua idade. Devo afirmar que foi a única vez, em 20 anos de experiência clínica, que me deparei com uma mãe tão comprometida psiquicamente quanto a filha. Era como se as duas estivessem claramente envolvidas pelo mesmo processo psicótico, o que criava dificuldades intransponíveis para determinado tipo de investigação, como por exemplo uma anamnese, ou seja, a história dos primeiros anos de vida daquela criança. No exame clínico, no entanto, nem a mãe nem a menina apresentaram qualquer sinal de enfermidade orgânica. Na época, essa constatação nos surpreendia, mas fazia parte de um conjunto de enigmas e mistérios que a psicose nos oferecia e para os quais não conseguíamos dar nenhuma explicação satisfatória.

Mariana falava apenas duas palavras, que ela repetia sistematicamente, usando-as para responder a qualquer pergunta ou solicitação: "Mano morto" (irmão morto). Apática, olhar fixo, parecia não se interessar por nada que lhe fosse oferecido. Aceitava alimentação desde que lhe fosse levada à boca, pois não era capaz de realizar nenhum gesto no sentido de busca, mesmo quando sentia fome. Sua mãe, muito desorientada e delirante, ainda podia demonstrar prazer em comer um prato de comida. No entanto, não conseguia dizer quem era, sua idade ou qualquer frase que tivesse algum sentido. E seus corpos eram absolutamente saudáveis!

Naquela época, eu jamais pensaria na hipótese de que estivessem protegidas pela doença mental, o que me pareceria um absurdo. A idéia do "mens sana in corpore sano" me impedia de pensar qualquer coisa diferente disso. Só o tempo, a prática clínica e minha experiência pessoal foram fazendo com que desmoronasse esse ideal de equilíbrio harmônico e absoluto.

Da mesma forma, eu não conseguia estabelecer nenhuma outra relação entre a dor e o adoecer, a não ser a de que a primeira pudesse fazer parte de um sistema de alarme, o que poderia ser indício de um adoecimento.

Maurício, um menino de 7 anos que freqüentava a Escola Especial da APAE, também nos ofereceu um exemplo claro dessa suposta imunidade. Filho de uma família rica da cidade, desde bebê apresentou problemas em seu desenvolvimento. Sua situação agravou-se quando se mudaram para Santa Rosa, pois moravam numa cidade próxima e menor. De apático que era, tornou-se agitado e até violento quando contrariado. Tinha um olhar especialmente estranho, como se estivesse permanentemente drogado. No entanto, não fazia uso de nenhuma medicação.

A mudança de cidade se dera por causa de um cargo melhor que seu pai obtivera no banco em que trabalhava. Isso significou para a família uma melhoria de status, pois já tinham dinheiro. Terminada a primeira fase de adaptação — compra de uma bela casa e sua decoração, vagas em bons colégios para os filhos —, Maurício começou a apresentar agravamento em seu quadro. Ao mesmo tempo, a família foi acometida de rubéola, deixando a todos acamados. Apenas Maurício atravessou incólume o episódio. Convivendo com a enfermidade altamente contagiosa durante quase um mês, o menino "esbanjava saúde", como dizia seu pai, orgulhoso.

No caso de Maurício, não temos como atribuir sua "imunidade" a qualquer forma de proteção familiar, já que a família, ela mesma, não pôde se proteger da enfermidade. Fica claro, então, que ele teve o mesmo grau de exposição ao contágio virótico que qualquer outro membro familiar.

O pai do menino se assombrava tanto com a saúde de seu filho quanto com a impossibilidade de educá-lo. Afetuoso com os filhos, de uma maneira geral, tornava-se também violento com muita facilidade. Creditava à surra um valor educativo importante, pois assim havia sido educado. No entanto, com Maurício, esse recurso não servia para nada; ao contrário, o afligia perceber-se impotente diante de uma criança que parecia desconhecer a dor física.

O mesmo acontecia com Roberto, também aluno da Escola Especial da APAE, que regularmente chegava com o corpo marcado pelo cinto com que o pai o surrava. Tendo sido chamado à Escola, o pai reconheceu que se "excedia" quando surrava o menino, pois este ria enquanto apanhava. Já que interpretava como provocação o riso do menino, transtornava-se e "exagerava" na violência. Tanto quanto o pai de Maurício, percebia que as surras não produziam efeito algum na criança.

— Até meu cachorro aprende quando eu bato nele. Por que meu filho não aprende?, perguntava o pai de Roberto, desconsolado.

Os meninos pareciam não ter medo de nada. Mas isso não quer dizer que não sofressem. Podiam ser acometidos por crises de choro convulsivo, raiva ou angústia, sem nenhum motivo aparente.

Nessa época eu era forçada a conviver com esse vazio de explicação ou causa, na tentativa de evitar interpretações apressadas que só têm uma função: aplacar a angústia da ignorância. Dessa forma, esses fatos se mantinham soltos, sem elos, dispersos no rol das bizarrices da psicose.

Ao mesmo tempo em que eu examinava retrospectivamente minha experiência clínica e estudava textos sobre os mecanismos psíquicos que produzem a sensação dolorosa, outros fatos que aconteciam em minha clínica psicanalítica me permitiam construir a hipótese de que crianças autistas não sentem dor e não adoecem.

Em 1988 eu atendia no CENPI uma criança autista que se tratou comigo dos 6 aos 13 anos. Ela teria uns 8 quando ocorreu o episódio seguinte.

Chegando à sessão, Joyce sentou-se à mesa de fórmica branca que utilizávamos para jogar ou desenhar. Rindo, começou a batucar com as duas mãos, tentando acompanhar a canção que cantarolava. O tom de sua voz foi assim aumentando progressivamente ao mesmo tempo em que batia com mais força sobre a mesa. Parecia alegre e descontraída.

De repente, percebi que a mesinha branca se manchara de sangue e Joyce parecia não perceber que uma de suas mãos sangrava bastante. Tentei interrompê-la para examinar a palma de sua mão direita. Irritada, como se eu estivesse atrapalhando sua brincadeira, livrou-se da minha mão e continuou a batucar. A essa altura, o sangue já escorria pelo braço e se espalhava sobre a mesa. Ela parecia encantada vendo o sangue espirrar.

Quando, enfim, segurei fortemente a sua mão, vi um profundo corte aberto que atravessava toda a palma. Para impedi-la de prosseguir a brincadeira, mostrei-lhe o corte e disse:

— Joyce, você está machucada. Você está abrindo mais este corte!

Ela parecia não ter registro para entender o que eu acabara de dizer. Tive a impressão de que ela, além de não sentir dor, não se dava conta do que significava um "machucado", coisa que qualquer criança de sua idade podia entender.

Arrancando sua mão da minha num gesto brusco, mostrou-se zangada comigo e disse:

— Esse machucado é meu!, e fechou sua mão como se o ferimento fosse uma coisa, um objeto externo a seu corpo, mas que lhe pertencesse. E ela o guardara para que eu não o retirasse de sua mão, não o roubasse dela.

Chamei então Gilda, sua mãe, que aguardava na sala de espera e perguntei-lhe sobre o ferimento.

Sem parecer dar muita importância ao fato por estar acostumada a situações similares, ela me explicou que o corte fora causado por um facão de cozinha que Joyce havia apanhado inadvertidamente pela lâmina e não pelo cabo. Quando seu irmão, de 13 anos, viu a cena, gritou:

— Cuidado, Joyce!

Aparentemente a menina entendeu que devia tomar cuidado para não deixar a faca cair e, em vez de largá-la, apertou a lâmina com mais força. Aflito e sem saber o que fazer, o menino tentou arrancar-lhe a faca, que ela, então, passou a apertar ainda mais, como se ele quisesse lhe roubar um brinquedo.

A profundidade e a extensão do corte se deveram, portanto, aos dois fatos: ao de que ela apertou fortemente a lâmina em sua mão e ao de que seu irmão puxou a faca pelo cabo, para retirá-la.

Segundo Gilda, Joyce parecia estar brincando e somente chorou quando ela a repreendeu. "Joyce não sente dor", disse Gilda, recordando-se de outras situações que confirmavam sua conclusão.

Minha hipótese começava a se confirmar. Agora eu ouvia da boca de uma mãe de autista o que eu já suspeitava.

São inúmeros os relatos de ferimentos, queimaduras, fraturas e automutilações em crianças autistas ou psicóticas, que parecem passar-lhes desapercebidos.

A interpretação psicanalítica de que essas crianças possam obter prazer na dor sempre me pareceu uma transposição apressada e infundada do modelo da neurose e da perversão para o autismo. Essas crianças não parecem obter nenhum prazer com seus ferimentos — ao contrário, demonstram indiferença à dor física, ou melhor, aos estímulos dolorosos.

Apesar de algumas evidências nesse sentido, é impossível provar cientificamente a ausência de dor física nos autistas, devido à subjetividade em questão. É impossível saber o "quantum" de dor que o outro sente. Só podemos saber da nossa.

O fato de não sentirem dor física não elimina o sofrimento da vida psíquica dessas crianças, como já observei anteriormente. Elas são freqüentemente tomadas pela angústia e manifestam seu sofrimento de forma desesperada e desesperadora para quem assiste, sem que possamos ter idéia do motivo ou da lógica que rege esse padecimento.

Darei aqui um exemplo que pode ajudar a ilustrar o que afirmo. Faustino tinha 3 anos de idade quando foi diagnosticado como autista pelo dr. Paulo Cézar Muniz e quando comecei a atendê-lo psicanaliticamente no CENPI. Não havia dúvidas quanto ao seu diagnóstico. O episódio que nos interessa no momento ocorreu quando ele já estava há mais de um ano em tratamento comigo. Já suportava ficar na sala e até conseguia realizar algumas atividades como rabiscar papéis e manusear jogos de armar. Nessa época eu usava os cabelos longos à altura dos ombros, e resolvi cortá-los; ficaram batidos na nuca e repicados na frente.

Quando Faustino me viu pela primeira vez com este novo "*layout*", ficou estarrecido. Sua fisionomia pareceu encher-se de pânico e ele começou a chorar convulsivamente enquanto se contorcia como se todo o seu corpo doesse. Ao mesmo tempo em que chorava, gritava: "Ele quer a Mônica! Ele quer sentar com a Mônica!"

Quando eu tentava aproximar-me dele para acalmá-lo e mostrar-lhe que eu era a Mônica, apesar da transformação que o corte do cabelo causara em minha imagem, ele me rechaçava bruscamente. Apertava os braços em volta de si mesmo como se estivesse se abraçando, se contendo, ou ainda, como se sentisse dor no estômago e no abdômen. Foram necessários muito tempo e muitos recursos para tranqüilizá-lo e para que ele me reconhecesse. A impressão que tive foi a de que a "deformação" de minha imagem lhe causara um sofrimento profundo e difuso. Como se eu o tivesse deformado também. Mas evitarei por ora interpretações apressadas que possam atrapalhar a minha investigação ao invés de ajudá-la.

Como já observei anteriormente, o fato de não sentirem dor física não implica a inexistência de sofrimento na vida psíquica de crianças autistas. Essa constatação é um complicador inexpugnável para quem tiver a intenção de comprovar essa tese pelo paradigma da ciência.

Se o sofrimento autista escapa à lógica que conhecemos, jamais saberemos se a criança está sofrendo devido ao estímulo dolorífico ou se a um gesto, expressão facial, alguma palavra; ou ainda pelo simples fato de se encontrar diante de um desconhecido (o experimentador), num lugar desconhecido.

Além disso, teríamos de criar um laboratório da dor — algo próximo aos métodos da Santa Inquisição, da inspiração mengeliana, e que não teria outro propósito senão o de torturar essas crianças para verificar se sentem dor ou não. Se esse fosse o único meio de investigação, eu preferiria ficar com minha dúvida.

O processo de validação experimental definitivamente não se presta à confirmação ou negação desta hipótese. Ficamos então com a clínica psicanalítica como o único caminho viável de pesquisa. Ainda assim, teríamos de repensar o modelo interpretativo construído para a neurose, o que poderia criar distorções impeditivas ao prosseguimento do trabalho.

Historicamente, tem sido através do estudo das patologias que o homem obtém o conhecimento do funcionamento normal. A fisiologia deve seu saber às doenças. O que quero dizer é que o autismo pode nos revelar o paradigma do nascimento humano. Visto dessa forma, ele adquire uma importância que não tinha, devido ao fato de que estatisticamente o fenômeno não é significativo. Além disso, é possível que seu estudo, bem como o das psicoses, possa nos revelar recursos de que o homem dispõe mas não conhece ou não sabe utilizar.

Esta observação poderá espantar o leitor, que se perguntará provavelmente como é possível que no século XXI o homem ainda desconheça recursos que o seu corpo lhe oferece, que ignore operadores que seu aparelho psíquico contém ou não saiba usá-los. Mas é bom lembrar que foram necessários milhões de anos de existência para que o homem aprendesse a utilizar a oposição entre o polegar e os outros dedos de sua mão, bem como outros milhões para aprender a se comunicar com o sistema de signos de que dispomos hoje.

Acredito agora que o estudo do autismo e das psicoses possa trazer uma grande contribuição ao saber humano, de uma maneira geral, desde que possamos nos despojar dos antigos modelos interpretativos e ouvir os pacientes.

Nosso conhecimento acerca do autismo e das psicoses ainda é rudimentar, apesar de contarmos com trabalhos sérios a esse respeito, principalmente a partir do século XX. Temos que levar em consideração que não dispomos ainda de instrumental teórico-clínico confiável para diagnosticar tanto o autismo como as psicoses. Os autistas típicos são muito raros, mas há inúmeras configurações autísticas em crianças que escapam ao modelo descrito por Leo Kanner (autor da hipótese do autismo como uma síndrome). Com freqüência esses quadros são confundidos com a deficiência mental, como já observei anteriormente, mesmo quando não há fundamento neurofisiológico que justifique a dificuldade dessas crianças quanto à aprendizagem.

O mesmo acontece com a investigação diagnóstica de pacientes adultos em "surto". Se tomarmos os prontuários de pacientes em hospitais psiquiátricos, encontraremos com muita freqüência uma série de mudanças no diagnóstico, no decorrer do tratamento, e que podem ir de esquizofrenia à histeria ou vice-versa, revelando a precariedade do aparato diagnóstico de que dispomos. Nesse caso, não me refiro a um problema do Brasil ou à incompetência desse ou daquele profissional, mas a um problema do conhecimento humano, ou melhor, do desconhecimento humano. Acredito que o mesmo deva ocorrer nos melhores hospitais do mundo.

Além da dificuldade diagnóstica, nos deparamos com uma outra — a terapêutica. Aqui cabe salientar uma diferença fundamental entre a psiquiatria e a psicanálise: para a primeira, é o diagnóstico que vai orientar toda a ação terapêutica, que, apesar das transformações que sofreu no século XX, ainda está centrada no uso da medicação. Portanto, o diagnóstico é condição primeira do tratamento psiquiátrico. A psicanálise, por sua vez, é ao mesmo tempo um método de investigação e tratamento, e sua condição primeira é a de que haja um sujeito do inconsciente, um sujeito falante e que deseje se tratar.

O modelo clínico da psicanálise foi construído por Freud para o tratamento das neuroses, e ele, pessoalmente, não o indicava na terapêutica das psicoses. O diagnóstico teria, então, a função de delimitar o campo de abrangência do tratamento psicanalítico.

Hoje, no entanto, depois do aporte teórico de Jacques Lacan, dispensa-se a distinção nosográfica para instituição de terapêutica analítica. O diagnóstico é feito no decorrer do tratamento, podendo reorientar a ação terapêutica, mas não destituí-lo. A falta de diagnóstico não é mais um impasse para a ação psicanalítica. Impasse, sim, é o estado de "alienação autística": como abordar o sujeito que não fala?

Diante desse estado, dessa suspensão das atividades do eu, não dispomos de ferramenta clínica. É o caso do autista e dos estados autísticos. A forma de intervenção geralmente indicada nesses casos tem sido a terapia ocupacional ou a musicoterapia, na tentativa de construção de canais de expressão. Isso vale tanto para crianças como para adultos.

O OLHAR: PSICOSE E HIPNOSE

A essa altura, eu já havia delineado a idéia de que os "estados autísticos" podem ser observados e encontrados tanto em crianças como em adultos. No caso de adultos, a psiquiatria os denomina catatonia e os relaciona à esquizofrenia, mas, tratando-se de crianças, há sérias controvérsias. A dra. Frances Tustin, que considero a maior autoridade na psicanálise de crianças autistas e psicóticas, refere-se a "estados autísticos" e afirma que eles não estão necessariamente relacionados à psicose. As crianças apresentariam esse quadro quando deparadas com uma angústia para a qual não estivessem preparadas para enfrentar. Deduz-se, portanto, que, para Tustin, seriam uma defesa contra o sofrimento psíquico.

Ao mesmo tempo, eu já havia reunido um acervo de exemplos clínicos que me autorizava a pensar que o que chamamos de estado autístico ou catatonia deveria ser um recurso humano que, além de "alienar" psiquicamente (no sentido de suspensão parcial ou total do eu), produzia anestesia e imunidade no corpo. Era um fenômeno que envolvia o psíquico e o somático.

Paralelamente, o estudo sobre a dor conduziu-me naturalmente à hipnose, tal a quantidade de referências feitas a ela, tanto nos primeiros textos de Freud quanto nos de neurofisiologia. De alguma forma, vi-me refazendo o percurso epistemológico de Freud, só que dessa vez tendo como objeto o autismo e a psicose, e não a histeria.

Agora, além da dor e do adoecer, um outro aspecto começou a atrair minha atenção: o olhar do hipnotizado. Comecei a estabelecer relação entre esse olhar e o dos autistas e dos surtos psicóticos. A catalepsia ocular é um dos sinais de que o paciente se encontra em estado hipnótico. É um olhar fixo, sendo que alguns (os histéricos, principalmente) deixam entrever somente a esclerótica (a parte branca dos olhos) e fazem lembrar o "revirar dos olhos" nas possessões e nos estados convulsionados dos candomblés. Esse mesmo olhar pode ser encontrado nos estados autísticos, seja em crianças ou em adultos. É um olhar que não vê, da mesma forma que o dos hipnotizados, que têm a sua atenção concentrada apenas num foco (que foi determinado pelo hipnotizador), deixando de perceber o resto à sua volta.

Também podemos encontrar esse olhar em alguns surtos psicóticos. À diferença do sujeito hipnotizado que vê o que o hipnotizador o induz a ver, o psicótico teria o olhar voltado para dentro; para si mesmo. Objetos internos seriam então projetados para fora e agora vistos pelo sujeito como algo que não é seu, ou seja, como realidade.

Em muitos casos, o olhar é o primeiro indicador de um surto psicótico. O olhar é estranho e, se é assim, também deve ser estranho o que ele vê. Da mesma forma que pode ser o primeiro sinal, em muitos casos ele é também o último a desaparecer, como já tivemos oportunidade de observar.

Podemos hoje citar vários pacientes que conseguiram reorganizar suas vidas após um surto psicótico. Comportam-se relativamente dentro da norma, vestem-se adequadamente, falam normalmente, mas seu olhar ainda denuncia, como um vestígio, a catástrofe psíquica vivida recentemente. Há algo de estranho naquele indivíduo, algo que evidentemente lhe escapa ao controle. É o indício de que algo de sua percepção lhe foge: sua percepção escópica, i.e., interpretação pessoal da realidade.

Mas uma alteração escópica poderia desorganizar todo o encadeamento lógico? Ou seria o contrário?

Quando vejo um objeto tremer posso pensar imediatamente que algum outro fato não percebido por mim tenha sido a causa daquele movimento: vento, pessoa que esbarrou etc... Mas perguntou-me, certa vez, um paciente em pleno surto psicótico:

— A senhora não está vendo o telefone tremer? Olha lá! Tremeu de novo!

— Não, eu não estou vendo ele se mexer, não, respondi.

E, como ele olhava à sua volta com o olhar fixo e muito assustado, perguntei:

— Foi só o telefone que tremeu?

— Não, têm outras coisas que tremem também, respondeu.

Seu olhar deixava transparecer medo e me atravessava, como se eu não estivesse presente. Já sabemos que quanto maior o medo, mais assustado e assustador é o olhar. O paciente apontava as coisas que se mexiam e a impressão que me dava é a de que elas iam atacá-lo. Ele parecia tentar se defender delas com os braços ao mesmo tempo em que as detectava.

O problema portanto não residia no fato de que certas coisas se mexessem, mas sim que elas "queriam" atacá-lo, destruí-lo. Havia uma intenção por trás daquele "movimento" das coisas que o seu olhar capturava então. Havia uma má intenção e o movimento das coisas só a confirmava, dava-lhe forma, apossava-se das coisas e apresentava-se através delas. Nesse caso, o movimento das coisas tinha valor de prova da presença de um *outro* que desejava hostilizá-lo, destruí-lo. Era o desejo do *outro* que tomava forma.

Ao dizer que não estava vendo o que ele via, eu, de certa forma, estava também dizendo que não percebia os riscos que ele estava correndo. Isso criava um abismo entre nós, mas era a única possibilidade de ele perceber a minha presença, e a única forma de eu tratá-lo. O paciente tornou-se mais ansioso, como se começasse então a tentar me convencer, conquistar uma aliança. Seu olhar via uma intenção que o meu não via.

Seja por esse motivo ou por outro qualquer, seu olhar não suportava o meu, ou melhor, ele não tolerava nenhum olhar.

Se lembrarmos dos impressionistas, que buscavam a representação do que havia entre o olho e o objeto visto, podemos fazer uma analogia com o olhar da loucura: ele captura o que está entre o olho e o objeto.

Só que nesse caso o objeto é a *intenção*, o desejo do *outro* que é percebido através das coisas. São as coisas que estão entre o olho e o objeto. Elas são apenas intermediárias. Esse olhar vê um desejo que ele atribui ao outro mas que é seu, num mecanismo claramente projetivo.

Podemos agora realizar outra analogia, com a mecânica da alucinação na hipnose. Em estado hipnótico, o sujeito projeta para fora de si o que lhe é interior, como tela de projeção de suas fantasias. Em hipnose profunda (sonambúlica) torna-se impossível diferenciar conteúdos *internos* projetados e conteúdos *externos* (sugeridos pelo hipnotizador) interiorizados. Em síntese, o sujeito perde a percepção do limite entre o que é fantasiado por ele, o que é sugerido pelo hipnotizador e o que é real. Esse segundo mecanismo é a base da sugestão: o sujeito vivencia como sua uma idéia sugerida pelo hipnotizador. São inúmeros os casos em que o paciente desperta da hipnose e declara "tive uma idéia". Exatamente a idéia que o hipnotizador o induzira a ter.

Do ponto de vista dinâmico, a grande diferença entre o estado hipnótico e o surto psicótico encontra-se no *outro*, ou melhor, no desejo do outro. Na hipnose, o *outro* é o hipnotizador. E na psicose? Quem é esse outro que domina o sujeito, persegue-o e comanda seus atos? Ele está presente sob a forma de intenção, mas nem sempre se identifica.

A intenção pode ser boa e o efeito não ser. Denise, negra, 36 anos, empregada doméstica procurou o ambulatório do hospital psiquiátrico de Jurujuba dizendo estar protegida pelo Exército Alemão: "Em todo lugar que eu vou, tem sempre um deles. Eles estão sempre por perto."

A intenção até podia parecer boa, mas o efeito não era. Ela apresentava o mesmo olhar assustado e fixo presente nos surtos paranóides e detectava entre as pessoas à sua volta membros da SS.

Afinal, não deve ser muito diferente ser perseguido pelas *coisas* ou ser protegido pelo *Exército Alemão*, ainda mais tratando-se de uma negra. Tomando como base a nossa cultura, é impossível imaginar que uma negra possa se sentir protegida pelo Exército Alemão. Ela realmente parecia estar sendo perseguida, oprimida por esta "proteção", e, se seguirmos a lógica dessas associações, poderemos perceber a proximidade das idéias de "proteção" e "perseguição". Quem detém o poder de *proteger* também detém o de *perseguir*. O limiar entre a *proteção* e a *perseguição* é muito tênue, pois o protetor cobra algo de seu protegido. Mas esse é um caminho de investigação que deixarei para percorrer em outro momento, pois o que nos interessa é o *olhar* em si. Que tal pensarmos onde mais encontramos este olhar?

Nas crises histéricas, por exemplo. Se mergulharmos uma pessoa num estado hipnótico profundo e lhe sugerirmos a idéia de que nada vê, ela se comportará efetivamente como se tivesse perdido suas faculdades visuais. Da mesma forma se comporta uma histérica acometida por uma perturbação ótica desenvolvida espontaneamente. A diferença é que na histérica a idéia de estar cega não nasce da sugestão do hipnotizador mas espontaneamente, ou por auto-sugestão. Essa idéia é tão forte em ambos os casos que se converte em realidade, do mesmo modo que as alucinações e as paralisias.

A similaridade entre a histeria e a hipnose já havia sido observada tanto por Charcot como por Freud, a ponto de o primeiro ter definido a hipnose como uma histeria artificial.

A presença de alucinações e delírio tanto nas crises histéricas como nos surtos psicóticos tem sido motivo de confusão na diferenciação diagnóstica entre eles. Na verdade, no clímax de uma crise é muito difícil distinguir a histeria da psicose pelas perturbações sensório-motoras; e o olhar da alucinação está presente tanto na crise histérica quanto no surto psicótico. (Esse mesmo olhar também pode ser encontrado em quadros autísticos e nas psicoses da infância em geral.)

Nos dois casos, temos um elemento em comum: o fracasso do eu em dar conta de um determinado complexo de conflitos, da impossibilidade — quer do histérico, quer do psicótico — de responder adequada ou "normalmente" segundo sua estrutura psíquica. Poderíamos comparar a situação de ambos com a de uma casa cujas luzes se apagam quando a carga é excessivamente grande. Quem sofre é o ego, já afirmava Freud, e é ele que fica parcial ou totalmente alienado nas grandes crises, sejam histéricas ou psicóticas.

Ainda em 1991, li no *Jornal do Brasil* que o dr. Fernando Rabelo, do Corpo Diretor do Hospital Municipal Miguel Couto, havia realizado duas cirurgias utilizando a hipnose como substitutivo dos anestésicos em pacientes de alto risco cirúrgico devido à incompatibilidade com os medicamentos.

Fui então procurá-lo, porque já começava a esboçar a hipótese de que todas essas perturbações excessivamente exacerbadas de descontrole egóico, independentemente do diagnóstico apresentado, pudessem ser consideradas estados hipnóides. Eu estava, portanto, repensando a doença mental a partir de um novo ângulo; como um corte horizontal que perpassasse todos os diagnósticos e atingisse indiscriminadamente todas as faixas etárias, classes sociais, raças e gêneros. Eu estava me referindo a algo jamais definido mas sempre entendido: o quadro grave, independentemente de seu diagnóstico. Hoje sabemos que há casos de histeria muito mais graves que certos casos de psicose.

O dr. Fernando Rabelo disse-me que, além de terem sido muito bem-sucedidas, as intervenções cirúrgicas chamaram sua atenção pela rapidez com que o processo de recuperação pós-cirúrgico se deu, tanto em relação à cicatrização como à reabilitação das funções. No entanto, tinha encontrado uma grande resistência e oposição por parte dos anestesistas daquela unidade. Observou ainda que o sujeito hipnotizado com freqüência fragiliza-se muito e regride psiquicamente.

— É muito comum assumirem a posição fetal durante o sono hipnótico, disse-me ele. (Aliás, esse fenômeno também é comum no sono fisiológico.)

Ainda encontramos esse mesmo olhar nos casos de possessão, seja nos candomblés, seja em outros campos "mágicos", espirituais ou religiosos. O antropólogo francês Claude Lévi-Strauss já afirmava que o xamã era um ab-reator profissional, ou seja, um hipnotizador. A cura xamânica tinha rituais que em muito nos lembram os passes nos transes magnéticos realizados por Franz Anton Mesmer, precursor da hipnose. Para Lévi-Strauss, a cura se dava graças à correspondência entre duas séries: de um lado, as operações corporais, e, do outro, as operações intelectuais em torno das quais o mito e a linguagem se estruturam. Essa homologia entre o físico e o intelecto permitia ao xamã manipular o corpo do "paciente" através da linguagem. É o que Lévi-Strauss chamava de *eficácia simbólica.*

A mesma coisa acontece na hipnose. O xamã fornecia ao paciente uma linguagem em que se tornava possível a expressão de estados, sensações, emoções não-formulados ou até informuláveis. Era essa passagem à expressão verbal que permitia ao paciente viver de forma ordenada e inteligível uma experiência dolorosa atual. Sem isso, a experiência mantinha-se anárquica e inefável. Com esse mecanismo deveria se produzir um desbloqueio do processo fisiológico, ou seja, a reorganização do estado físico ou mental do paciente, mas agora num sentido positivo, favorável a ele. Graças à aliança estabelecida pela linguagem entre o xamã e o paciente, o que produzia a dor passava a produzir a cura. Lévi-Strauss observava ainda que a cura só tinha efeito porque era vivida no plano objetivo. Não havia mais diferença entre fantasia e realidade, mas o paciente *via-se* ser curado e para ele isso era real e objetivo.

Ficava cada vez mais claro para mim que a hipnose não era um fenômeno exclusivamente psicológico, mas sim um processo que envolvia tanto o psiquismo como o corpo. E nisso eu não estava só. Assim pensavam também Charcot e Leon Chertok. Este, aliás, ainda estava vivo quando consultei o dr. Rabelo em 1991, vindo a falecer alguns meses depois.

Em agosto de 1991, no hospital psiquiátrico, foi-me encaminhada uma interna que já estava na enfermaria feminina de pacientes crônicos há dezesseis anos. Maria é negra e tinha então 47 anos. Seu prontuário apresentava vários diagnósticos de psicose. Quando iniciei o tratamento, ela movimentava-se como um autômato, falava apenas algumas palavras desconexas e tinha o olhar fixo, "sonambúlico", como se olhasse e não visse. Até aquele momento, ela só recebera assistência médico-psiquiátrica e participara de algumas oficinas da terapia ocupacional sem conseguir envolver-se com as tarefas.

Durante os quatro primeiros meses do tratamento, Maria mal conseguia articular uma frase. Repetia apenas "Olha o cu!", "Cuidado com o cu!" (Mais tarde, em estado hipnótico, revelou-me que havia sido sodomizada pelo pai quando criança.) Ainda não sei como podemos nomear o tratamento efetuado nesse período. Era um investimento que eu fazia nela, tentando construir algum sentido a partir das palavras que enunciava. Na verdade, eu assumia a mesma postura que se atribui a um hipnotizador: sugeria sentidos, na expectativa de que, com isso, em algum deles ela pudesse enlaçar-se na cadeia significante, ou seja, que algo fizesse sentido para ela. De alguma forma, eu sugeria que ela falasse. Se isso teria algum efeito ou não, eu não sabia. Ela se mantinha exatamente da mesma forma, inerte. Em novembro, quatro meses depois de iniciado o tratamento, compelida pela angústia desse inabalável silêncio, algum impulso me fez dizer:

— Maria, eu não agüento mais o teu silêncio. Tenta me dar uma pista para eu saber como te ajudar em alguma coisa.

Maria, que antes parecia nada ouvir, aprumou-se na poltrona em que estava quase deitada, cruzou as pernas e, dando a impressão de ter despertado de um estado hipnótico, disse com voz firme e bem articulada:

— Dra. Mônica, este é o último Natal que vou passar aqui. Tenho de voltar para casa e cuidar dos meus filhos que ainda são pequenos.

Para minha ainda maior perplexidade, ela prosseguiu falando dos filhos, como se os dezesseis anos de internação tivessem sido tão subitamente apagados quanto o seu anterior estado de aparente indiferença. Aos poucos, e enquanto falava, conteúdos presentes confundiram-se com conteúdos passados. De qualquer forma, ela parecia não ter registro do seu tempo no hospital. Maria não queria mais parar de falar. Ainda confusa, saiu da sessão conversando com os profissionais da equipe que a acompanhavam. Igualmente perplexos, eles tentavam ressituar-se com ela. O fato foi testemunhado e registrado.

Hoje Maria só permanece morando no hospital — mas não mais internada, com direito de ir e vir — porque, depois de dezesseis anos, sua estrutura familiar se perdera e ela teve de reiniciar uma nova vida como cozinheira na própria instituição à espera de alguma outra oportunidade de trabalho. Hoje há unanimidade quanto a seu diagnóstico: trata-se de uma histeria. Saídas súbitas como essa de quadros comparáveis à condição autística também já foram observados e relatados por Frances Tustin.

Assim como o caso de Maria, minha experiência clínica nesses vinte anos poderia oferecer outros exemplos, tanto de adultos como de crianças. Em alguns desses casos, pude testemunhar esse fenômeno de reversão, em geral repentina, de um quadro de suspensão das funções do eu, envolvendo alterações na fala, na psicomotricidade, na percepção estésica (sensorial) e no olhar.

Certamente atribuo a impressão de que Maria havia despertado de um sono hipnótico de dezesseis anos ao fato de eu já ter esboçado a hipótese de que todos esses estados alterados de consciência eram estados hipnóticos. De alguma forma, eu a teria desipnotizado, mas não sabia ainda a que atribuir esse despertar.

Agora a hipótese começava a ganhar vida e sentido, pois me conduzia a pensar em formas de desipnotização, de uma contra-hipnose. Agora se vislumbrava uma utilidade teórico-clínica e abriam-se caminhos para o meu pensamento. Mas era necessário que eu estudasse a hipnose não apenas teoricamente mas também na prática.

capítulo II

A formulação das hipóteses

O processo de criação, tanto teórico como artístico, parece pedir do criador uma condição peculiar, uma espécie de ritual. Alguns afirmam preferir as horas matutinas porque a cabeça "está fresca"; outros preferem as horas noturnas, pois é quando conseguem se desligar das solicitações cotidianas. Outros, ainda, dizem que é na hora do banho que lhes vêm as idéias, e há até quem crie enquanto caminha ou dirige seu carro para o trabalho. Sabe-se que Jean Piaget, o biólogo suíço conhecido por sua obra acerca do desenvolvimento intelectual, gostava de andar de bicicleta quando precisava resolver algum problema teórico.

O que há em comum em todos esses rituais? Todos conduzem o criador à solidão: são ritos de solidão, ilhas de isolamento que permitem uma determinada forma de pensar, um tipo muito especial de encadeamento de idéias que não suporta nenhuma intervenção externa.

Pessoalmente, só consigo criar se tiver à minha frente canetas e papel. Se eu me sentar diante de qualquer máquina que seja, não sai uma linha sequer que me agrade minimamente. Racionalmente, não tenho nada contra as máquinas em geral; ao contrário, acho-as fabulosas e úteis. Economizam o esforço humano e liberam energia para atividades intelectuais. Mas não, não se trata de uma questão racional.

Quando tenho algum problema teórico ou clínico para resolver, gosto de caminhar sem preocupação com a hora. As idéias fluem, os nós parecem se desatar e me vem uma confiança enorme de que vou conseguir criar soluções bastante satisfatórias.

Ao contrário, quando me deparo com a necessidade de escrever o que pensei, sou invadida por uma desconfiança imensa acerca do que já criei, e mesmo sobre a minha capacidade de criação. Sou assolada por dúvidas que não tinha antes, interrogada e questionada por vários "outros" sujeitos imaginários que têm o poder de julgar, aprovar ou condenar. Para uma psicanalista não é difícil explicar esses mecanismos. Difícil é superá-los. É sempre árduo assumir a autoria de seu próprio texto, deixar-se envolver por ele e se expor. São raros os autores que se apresentam às claras no seu texto, principalmente quando se trata de trabalho teórico. A preocupação com a "fidelidade" teórica esconde o verdadeiro autor e o anula tanto quanto o exime de responsabilidade sobre suas afirmações ou hipóteses. Ele expõe as idéias de um outro sobre quem ele escreve. O excesso de citações num texto, a pretexto de "prova" de conhecimento e de fundamentação, retira da cena o autor e o coloca no limbo, isento de crítica mas, também, do trabalho de criação.

O que se diz, se desdiz. Mas não acontece o mesmo com o que se escreve. Pode-se reformular e rever o que foi escrito, mas isso exigirá do autor que reconheça e assuma o erro. O que não diminui em nada a qualidade de sua produção, ao contrário, só a engrandece. Freud, por exemplo, criou teorias, como a da sedução, que veio a renegar anos depois.

Portanto, sempre tive a preocupação de jamais perder de vista o compromisso ético que orienta minha produção: a honestidade intelectual — ainda que eu esteja consciente das limitações desse princípio e das armadilhas nas quais o inconsciente nos joga, das trapaças que nos apronta, impedindo-nos de ver o que está diante do nosso nariz.

Perdoem-me os vassalos de qualquer teoria, mas aí tenho uma posição muito clara: a teoria é minha serva, e não o contrário. Mas não é fácil sustentar esta posição. Não sei bem se são anjos ou demônios que nos acovardam quando temos que enfrentar o *outro*, interno ou externo, aquele que diverge, denuncia as falhas que encobrem nossa ignorância e pode ameaçar de desmoronamento todo um edifício teórico que acreditávamos tão sólido. O problema é que sem esse *outro*, sem interlocução, qualquer produção tende a se empobrecer, esvaziar-se, ou então tornar-se muito próxima da produção delirante e, conseqüentemente, perder todo e qualquer laço social. Perde-se com isso também a possibilidade de comunicação.

O AUTISMO COMO UMA FORMA DE HIPNOSE

E foi assim que, em busca de diálogo, tomei duas decisões no princípio de 1992. Em primeiro lugar, sentia necessidade de conversar com estudiosos da hipnose, observar as formas de indução hipnótica, de desipnotização e finalmente os fenômenos da hipnose. Em segundo lugar, deveria retornar à Academia, da qual estava afastada há tantos anos. Lá, pensava eu, encontraria interlocução e orientação para melhor aproveitamento teórico de minha prática clínica. Além disso, a vida acadêmica exige a produção escrita de trabalhos, coisa que eu ainda não me atrevera a fazer.

Procurei o Hospital Miguel Couto, no Rio de Janeiro, e me inscrevi no primeiro curso ministrado pelo dr. Fernando Rabelo, na época um curso de curta duração, três meses aproximadamente.

Ao mesmo tempo comecei a me preparar para ingressar no mestrado de psicologia clínica da Pontifícia Universidade Católica. Confesso que não ousei entrar com um projeto de estudo da hipnose, por temer que ele fosse recusado ou não fosse bem entendido. (Hoje tenho certeza de que eu não teria sido aceita naquele mestrado com um projeto de estudo sobre a hipnose.)

Preparei, então, um projeto de estudo sobre a psicanálise do autismo, ou seja, sobre minha prática clínica, apontando os impasses com os quais me deparava. Fui aprovada e iniciei o curso na expectativa de encontrar algum "ouvido" mais aberto à discussão de minha hipótese: a de que o autismo é uma forma particular de hipnose.

O fato de eu já ter estabelecido uma relação analógica entre estados hipnóticos e estados autísticos me criava grandes dificuldades no estudo acadêmico. Nem a hipnose nem o autismo são objetos de domínio do conhecimento científico, muito menos do acadêmico. Tanto um como o outro apenas começavam a ser estudados, e a literatura confiável sobre os temas era bastante rara na época. Relacionar os fenômenos do autismo e os da hipnose é um trabalho que me tomaria anos e dificilmente colaboraria com meu objetivo, que era, e sempre foi, eminentemente clínico e psicanalítico. Ao contrário, um estudo desses desviaria a minha atenção e consumiria minhas energias em vão. O que me interessava era examinar de que forma a psicanálise pode hoje ler, ou melhor, interpretar, o fenômeno hipnótico, e, aí sim, relacioná-lo com o autismo, ou os estados autísticos.

De que forma a psicanálise pode hoje se deparar com o fenômeno que gerou o seu nascimento? Interessava-me mais a investigação dos motivos que levaram Freud a usar o método catártico por quase dez anos, como também as razões que fizeram com que o fundador da psicanálise o abandonasse. Talvez nesses motivos eu encontrasse mais elementos e pistas para prosseguir com meu trabalho clínico do que na comparação entre os dois fenômenos, ainda mal delineados e estudados pela ciência.

Além disso, como já observei anteriormente, os únicos fenômenos em comum que já havia observado entre a hipnose e o autismo, ou seja, a ausência de dor física e a catalepsia ocular, não são objetos de estudo experimental. Eu deveria manter minhas investigações no campo psicanalítico.

Foi com essa disposição que decidi aprofundar meu estudo sobre a hipnose, apesar de todas as dificuldades e obstáculos que se ergueram e que faço questão de relatar — não por ressentimento, mas para pôr em evidência o medo do desconhecido que nos invade quando trilhamos um caminho novo. A aventura intelectual tem sobre as outras a vantagem de nos jogar dentro do maior laboratório humano: a imaginação, com menos risco de prejuízo, dano físico ou moral, tanto ao próprio sujeito que investiga quanto a qualquer outro.

A PUC do Rio de Janeiro foi, na década de 1970, um centro de produção cultural que se caracterizou por sua resistência e oposição à ditadura militar então vigente. O Departamento de Psicologia, dirigido pelo dr. Carlos Paes e Barros, estava na vanguarda desse movimento. Ali se preservava a maior magnitude possível de liberdade de pensamento, em tempos em que o debate político era punido com prisão e tortura.

Hoje não vivemos mais sob a ditadura militar, mas ela parece ter sido internalizada a tal ponto que se tornou desnecessária. É a ditadura da autocensura, que aparece sob a forma de medo de se expor, de ser ridicularizado, marginalizado ou expulso.

Este mesmo Departamento, outrora vanguardista e contando com nomes tais como Luiz Alfredo Garcia-Roza, Circe Vital Brazil, Clauze Ronald de Abreu e Roberto Oswaldo Cruz, entre outros profissionais que emprestavam sua excelência intelectual ao curso de Psicologia, revela-se então resistente a qualquer idéia que fugisse aos cânones acadêmicos estabelecidos. Encontrei mais abertura para interlocução entre o corpo discente do que entre o docente, com raras exceções feitas a ambas as partes. Por sorte, meu orientador, o dr. Sérvulo Augusto Figueira, se interessou por meu projeto e me estimulou a prosseguir apesar das dificuldades. Creio que ele havia compreendido o que eu havia deixado bem claro: com essa analogia entre hipnose e psicose eu tinha intenção de tentar construir um modelo clínico para intervir no autismo e, quem sabe, nas psicoses em geral. Mas, resumindo, meu projeto foi reprovado e tive minha bolsa de estudos cortada. Dessa forma, concluí o Mestrado sem defender minha tese, com receio de ser "queimada" tal como uma bruxa na Santa Inquisição.

Os fenômenos da hipnose

Em 1994 procurei a Sociedade Brasileira de Hipnose Médica, instituição reconhecida pelo Conselho Federal de Medicina, para estudar o fenômeno e os métodos de indução hipnóticos de forma sistematizada e com base científica. Foi uma surpresa agradável perceber como o curso era concorrido, principalmente por parte de médicos e dentistas, que se interessavam no uso da hipnose para produção de analgesia e anestesia. Mais surpreendente foi ver o leque de opções que se abria para a utilização da hipnose.

No decorrer do curso, não só presenciando a indução hipnótica como me sujeitando a ela, as hipóteses começaram a tomar forma.

O termo hipnose (do grego *Hypnos*, deus do sono) foi empregado pela primeira vez por James Braid, em 1843, e traz consigo uma confusão que merece esclarecimento. O estado hipnótico não se identifica com o sono fisiológico. O sujeito pode estar consciente e estar hipnotizado. Além disso, cada sujeito reage de forma distinta à indução hipnótica, podendo apresentar esse ou aquele sinal indicador de hipnose. Eu mesma percebia diferenças quando era hipnotizada nas aulas práticas, conforme o hipnotizador e minha disposição particular naquele momento. Acabei descobrindo que a hipnose é evolutiva. Pessoalmente, a cada nova sessão, sentia-me menos resistente à indução. Embora eu jamais tenha atingido o estado sonambúlico (hipnose profunda), tive a oportunidade de experimentar alucinações sensoriais (de calor e frio) e devo reconhecer que esta experiência produzia efeitos pós-hipnóticos, pois percebi alterações significativas em meu sono, à noite. Não me lembro de dormir tão bem, em toda minha vida. Era um sono reparador, e eu despertava com muita disposição e energia.

O que acontece na indução hipnótica é que o sujeito, confiante no operador e suficientemente motivado, focaliza sua atenção na voz do hipnotista. Desse modo, a consciência periférica vai sendo inibida progressivamente, excluindo gradualmente qualquer outro estímulo. Uma vez em estado hipnótico, o sujeito se torna alheio ao ambiente que o cerca, sendo incapaz de perceber sons estridentes, luzes ou qualquer outra coisa que lhe venha do exterior, a não ser a voz do hipnotizador. Por isso, o silêncio é fundamental no momento da indução, mas completamente dispensável depois que o sujeito se encontra em estado hipnótico. Esse alheamento, ou alienação, fazia-me lembrar a condição autística, embora não a explicasse.

Há, portanto, no estado hipnótico, um ponto vígil (desperto), o que não acontece com o sono fisiológico, quando nos deparamos com uma completa inibição do córtex, sem ponto vígil. Na hipnose, esse ponto é uma espécie de ligação com o hipnotizador, que lhe dá sustentação psíquica.

Nessa condição, o sistema límbico (supostamente responsável pelas emoções) e o hipotálamo (regulador das atividades cerebrais capaz de inibir e liberar) são liberados de toda excitação, de tal forma que a ansiedade e a angústia são amortecidas. Essa excitação é eliminada, pois a hipnose inibe a censura: é a censura da censura. Isso nos leva inevitavelmente à conclusão de que a ansiedade e a angústia tenham sua origem na censura, agora inibida pela hipnose. Chegamos assim ao que Freud já havia postulado.

Fenômenos como amnésia, anestesia, catalepsia, alucinações e mesmo alguns casos de telepatia podem ser observados em estados hipnóticos.

No decorrer do curso, pude perceber que muitos dos fenômenos manifestos nos surtos psicóticos são observáveis nos estados hipnóticos, particularmente no que diz respeito às alucinações: a sensação de perda do corpo ou de parte dele; a de sair de si mesmo e se ver "fora de si", com a diferença de que tudo isto pode ser vivenciado sem angústia ou medo, e, às vezes, muito pelo contrário, de forma lúdica e prazerosa.

Nessa época fazíamos várias sessões coletivas de hipnose. Numa delas, uma jovem colega entrou num transe hipnótico no qual declarou que se via fora de si; acreditava-se sentada no teto de onde nos via quando, na verdade, tinha consciência de estar sentada de olhos fechados numa das cadeiras do auditório. Ao despertar da hipnose — isso é realmente impressionante — a jovem colega soube dizer o nome de todas as pessoas que estavam "dormindo" e as que mantinham os olhos abertos.

Eu precisava agora de um esquema teórico que desse sentido tanto às minhas hipóteses quanto ao conjunto de fenômenos que eu observava, e foi em Leon Chertok que me apoiei para elaborar as primeiras construções.

O que se segue agora é pura especulação mas sem a qual eu não poderia prosseguir minhas investigações. Peço ao leitor que tente acompanhar meu raciocínio, procurando desvencilhar-se de preconceitos, e mesmo dos modelos anteriores de que dispõe — o que naturalmente não o impedirá de criticar minhas teorias caso não concorde com elas ou simplesmente as considere absurdas ou fantasiosas.

Suponhamos que a hipnose (o fenômeno hipnótico) seja um fenômeno natural, biológico e próprio da reprodução humana, e talvez mesmo da reprodução animal. Suponhamos ainda que esse fenômeno tenha como função primordial, entre outras, a de facilitar a passagem do bebê do ambiente intra-uterino, para o extra-uterino. Suponhamos ainda que a condição hipnótica o mantém alienado, em estado analgésico e imune, amortecendo assim o impacto único do parto. Mãe e filho, portanto, deveriam estar igualmente envolvidos, ligados hipnoticamente, pois esse fenômeno deve cumprir função similar em relação à mãe, para que possa suportar, além das dores do parto, a perda de um pedaço de seu corpo. É uma parte de seu corpo que se desprende dela e da qual ela terá que se separar física e psiquicamente.

O leitor poderia argumentar agora que, se assim fosse, as gestantes não necessitariam de procedimentos analgésicos para suportar as dores do parto, o que é tão comum hoje, principalmente na civilização ocidental.

Eu teria a contra-argumentar que, por milhões de anos, os seres femininos de nossa espécie puderam suportar as dores do parto sem nenhuma intervenção de caráter analgésico. Talvez esse dispositivo seja tão frágil e delicado quanto complexo. A fragilidade psíquica de uma mulher, durante o puerpério, o período imediatamente anterior e posterior ao parto, é sobejamente conhecida, tanto pela medicina, como pelas pessoas de um modo geral. As bizarrices próprias do puerpério já fazem parte do saber popular. Se examinarmos trabalhos antropológicos, encontraremos nas comunidades primitivas e tribais rituais que envolvem o nascimento. As mulheres, em geral, se isolam para dar à luz a sós. Talvez, com isso, possam experimentar a alienação hipnótica, entregar-se a esse "enlouquecimento" implicado no parto, sem o risco de serem perturbadas, ou melhor, "despertadas" de forma abrupta. Asseguram assim o tempo necessário para que o fenômeno (o despertar) ocorra de acordo com suas possibilidades.

Na linguagem psicanalítica, eu poderia afirmar que a mãe vive uma castração real de um falo imaginário. Digo castração real pois é uma parte de seu corpo que é cortada, apartada dela.

Além disso, as psicoses do puerpério são mais numerosas do que podemos imaginar, e muitas vezes conduzem a mulher ao assassinato do bebê. Tive a oportunidade de observar no hospital psiquiátrico quatro casos de psicose de puerpério. Em dois deles, as mães mataram seus bebês. E, após o homicídio, viram-se imersas em estado autístico do qual não puderam sair mais. São pacientes crônicas, que se comportam como robôs. As outras duas, no entanto, puderam ser tratadas a tempo e foram afastadas de seus bebês provisoriamente para evitar que o agredissem de qualquer forma. Estas puderam sair desse estado e, posteriormente, criar seus filhos.

A hipnose profunda cumpre um ciclo, e sabemos que um sujeito em estado sonambúlico não deve ser despertado de forma abrupta. O hipnotizador deve percorrer o caminho inverso e a desipnotização deve ser lenta e gradual.

O mesmo pode ocorrer com a mãe e o bebê na hora do parto caso sejam despertados do estado hipnótico natural antes do tempo (ou depois) de modo abrupto e assustador. Se mantivermos a hipótese inicial, podemos pensar que esse ciclo reproduz o fenômeno original.

Imaginemos que, por algum "acidente" (do qual falaremos mais tarde), esse ciclo original possa se interromper prematuramente, ou simplesmente não se interromper. Neste último caso, teríamos o autismo patológico e a hipótese de que ele seja um estado hipnótico que não se rompeu. A criança seria mantida, então, no mesmo estado em que nasceu, ou seja, no mesmo estado hipnótico que lhe permitiu sair do útero.

A hipótese básica, portanto, seria a de que todos nascemos em estado hipnótico. O ser humano seria sujeito de uma hipnose universal, da qual deve despertar lenta e gradualmente. No caso do autismo, em que esse "despertar" não pôde acontecer, a criança se manteria em ligação hipnótica com a mãe, num estado que implica alienação, analgesia e imunidade.

Isso explicaria a ausência de dor física nessas crianças, bem como o fato de não adoecerem, além de sua alienação.

Esse modelo teórico também serviria para o estudo da psicose, em oposição ao autismo. No caso da psicose, teríamos, então, a precocidade desse "despertar", e a hipótese de que ela represente o ciclo hipnótico inconcluso.

Poderíamos concluir dizendo que, conforme a resolução hipnótica (no ato da separação biológica), teremos uma estrutura psíquica que poderá ser padrão, psicótica ou autística.

É claro que esse modelo tem implicações teóricas que não cabem neste trabalho e, talvez o leitor não possa imaginar como me foi difícil colocá-lo nestes termos, para facilitar a compreensão da idéia geral, da linha de pensamento que segui. É importante também lembrar ao leitor que sempre tive em mente o fato de que são suposições, hipóteses, e que talvez todas estas idéias pudessem ser refutadas no decorrer da elaboração teórica e da prática clínica.

Mas, afinal, este é o destino e o sentido mesmo do nosso pensar. E, pelo menos, pensamos, ousamos criar.

Agora eu teria pela frente um trabalho gigantesco: o de tentar provar uma teoria (e não mais uma hipótese) e o de construir, a partir dela, um modelo clínico para o tratamento de crianças autistas.

Além disso, começava a vislumbrar outras funções da hipnose que poderiam desempenhar papel importante no nascimento humano e na constituição do sujeito, e que dizem respeito ao que temos chamado de bagagem reflexa. O estudo do autismo e das psicoses em geral ganhava com isso um novo status e outro valor, revelando mecanismos e operadores próprios da reprodução humana.

capítulo III

As psicoses e o autismo

A loucura e seus canais de expressão

Vulgarmente, a loucura é entendida como a perda da razão, uma aberração da conduta em relação aos padrões ou valores dominantes numa certa sociedade. Não por ignorância de uma determinada cultura ou razão social, mas pela falência do controle voluntário do sujeito sobre suas paixões — um estado individual de perda do controle emocional que toma o sujeito, invade completamente seu psiquismo e que independe dos significados sociais ou políticos de tais aberrações.

Em nossa civilização, a loucura tem sido vista como uma doença que não se distingue de qualquer outra: uma doença do cérebro, ou ainda, uma doença dos "nervos". O nome "neurose" (em francês, *nevrose*) ainda mantém seu radical ligado a um padecimento originado nos "nervos".

O século XX foi marcado por uma virada nessa concepção. O advento da psicanálise trouxe novas luzes sobre o estudo e a pesquisa da doença mental. A antiga oposição entre neurose e psicose, que se apoiava em outra oposição — razão e desrazão —, também caiu por terra. Há uma razão na psicose. Uma outra espécie de interesse emergiu em relação às desordens mentais quando o homem começou a perceber que qualquer ser humano — e não só alguns infelizes — é passível *do* e vulnerável *ao* padecimento psíquico.

A psicanálise também fez cair por terra o conceito de "normalidade" ligado a um ideal de saúde. Hoje ela é uma noção meramente estatística. Como a maioria dos seres humanos é neurótica, a normalidade é neurótica. Anormais seriam, então, os psicóticos e os perversos, sendo os últimos mais conhecidos como psicopatas, pela classificação psiquiátrica, e com freqüência confundidos com os primeiros.

A cinematografia tem sido pródiga em ilustrações dos mecanismos envolvidos na psicose, sendo essa patologia particularmente explorada na construção de tramas de filmes de terror e de mistério. O mestre do suspense, Alfred Hitchcock, utilizou em vários filmes recursos extraídos da psicanálise para enredar o elenco de seus personagens. Em *Psicose* o personagem Bates, brilhantemente desempenhado por Anthony Perkins, apresentava vários surtos psicóticos nos quais era investido por *outro*, sua mãe, a quem havia assassinado. Fora do surto, ele se comportava como um indivíduo aparentemente normal, embora com algumas esquisitices (o que também é normal). A riqueza de elementos que a psicose oferece ao suspense é que não dispomos de meios para detectar seu diagnóstico fora do surto. Da mesma forma, são imprevisíveis os atos de qualquer pessoa em estado psicótico. Um exemplo recente é o rapaz que entrou num cinema em São Paulo e assassinou várias pessoas que assistiam ao filme *Clube da luta*. Fora do surto, o assassino era considerado por todos um bom rapaz, aluno competente, embora tímido e retraído.

O aparato psiquiátrico-psicanalítico nos oferece hoje alguma possibilidade de contorno dos limites da ação do sujeito na psicose, como também sua manutenção fora do surto. Mas isso só vale para psicóticos em tratamento prolongado e controlado. A possibilidade de se saber se qualquer pessoa pode desenvolver um surto psicótico ou não ainda está em aberto, tanto para a psiquiatria como para a psicanálise, embora já existam correntes teóricas que o afirmem e outras que o continuem negando.

Ao longo das épocas, os sucessivos conceitos de loucura apresentaram conteúdos relativamente permanentes, bem como conotações típicas de um certo período ou cultura. Por isso a afirmação de que o conceito contemporâneo de loucura é diverso do que se designava com esse termo na Idade Média ou na Antigüidade Clássica é, no mínimo, discutível. O conceito de loucura será diferente nos diversos contextos — moral, religioso, intelectual, artístico, político e até econômico, como bem têm demonstrado os economistas brasileiros. Muda-se a época, muda-se o contexto, muda-se o conceito de loucura, mas ela é sempre a mesma e motivada pelas mesmas razões. Cada cultura trata seus loucos de forma diversa: às vezes como santos heróis, outras como perigosos imbecis.

Na poesia épica de Homero ou nos textos da tragédia grega, por exemplo, a loucura é apresentada, comentada e até explicada por diversos personagens, embora provavelmente nem Homero nem os trágicos estivessem interessados em expor ou formular um conceito de loucura. Contudo, esses textos poéticos e trágicos retratam uma concepção dramatizada da natureza humana e de seus desvios. Por isso representam, no mínimo, concepções da loucura que, exibidas publicamente, faziam parte do ideário popular das respectivas épocas.

A concepção da loucura como um estado ou processo unitário, envolvendo disfunções orgânicas e afetivas, é relativamente recente na história do conhecimento. Tanto a psiquiatria como a psicanálise têm início no século XIX. A obra que inaugurou a psiquiatria como especialidade médica, o *Tratado médico-filosófico sobre a alienação mental*, de Phillipe Pinel, foi publicado pela primeira vez em 1801, e republicado em 1809.

Além de mencionar a retirada dos grilhões e correntes que prendiam os pacientes no manicômio de Bicêtrie, Pinel reconhecia uma etiologia (estudo das causas) afetiva e passional para a loucura. As grandes formas clássicas da loucura (mania, melancolia, demência e idiotia) foram consideradas em bloco por Pinel, sob a designação genérica de "alienação mental". Embora o autor afirme uma causa afetiva e passional para a loucura, o *Tratado* descreve com riqueza de detalhes alterações no humor, no corpo, no olhar e na fala dos doentes.

> Muito freqüentemente é vão o esforço de afastar um melancólico da associação coacta de idéias pela qual está totalmente dominado; é como se estivesse absorto em si mesmo e as impressões dos órgãos visuais e auditivos parecem não ser recebidas pelo cérebro; o olhar é feroz, a postura é sombria e silenciosa, o rosto é lívido e macilento; tem pressentimentos sinistros sobre o futuro, procura com determinação a solidão e os suspiros profundos são um sinal inequívoco de suas idéias tristes e de suas profundas angústias; parece totalmente

> estranho à realidade externa; nada vê, nada ouve, permanece absorto nas idéias que a memória lhe evoca e se abandona às emoções que ela suscita.*

O contato social com a loucura permanece até hoje algo ameaçador. De um louco, pode-se esperar qualquer coisa, e já faz parte do senso comum que não se deve contrariá-lo.

O delírio sempre produz um certo mal-estar em quem o testemunha. À sensação de estranheza, segue-se a impaciência, a irritação ou mesmo a total intolerância. Esse efeito provocado no outro parece dever-se mais à semelhança do que propriamente à diferença, e é esse convívio entre o familiar e o estranho que tornam o discurso do louco tão singular e constrangedor a quem ouve. Ao mesmo tempo em que o ouvinte reconhece sua língua constituída pela organização (fonológica, morfológica e sintática) preservada nos enunciados — o efeito do familiar —, ele a rejeita como sua, pela desestruturação de certas relações entre esses mesmos níveis — o efeito do estranho. Isso pode lhe dar a impressão de tratar-se de um outro código que se apropria de seu idioma pátrio para se exercer. O estranhamento aparece sempre como efeito de algo que falta para que o discurso tenha sentido.

O sujeito delirante, no entanto, não se estranha, como também não se escuta, nas tentativas que faz o outro de ressignificação de seu discurso. Num delírio não há lugar para o outro. Não há possibilidade de dúvida ou de crítica. Na psicose, o sujeito vive o seu delírio no real, o que lhe dá uma certeza absoluta a respeito do que fala. Não há metáforas no discurso delirante. Tudo *é*, e tem valor de *verdade*.

Quem fala, fala alguma coisa a alguém; mas, se esse outro para quem se fala é jogado para fora da ordem do real, ficamos sem saber quem é este outro a quem ele se dirige.

Diante da fala delirante, temos, em princípio, duas posições a assumir:

1) Consideramos que se trata de um monte de bobagens, produções de um aparelho psíquico defeituoso, e que ouvi-lo não nos levará a lugar algum.

---

* P. Pinel, *Tratado...*, apud E. Trillat, *História da histeria*, p.115.

2) Consideramos que este discurso está dizendo alguma coisa e nós é que não estamos entendendo.

A primeira posição tem caracterizado a psiquiatria clássica, e a tentativa de calar o delírio se reporta à própria terapêutica: a remissão do sintoma. As alterações da fala têm, nessa perspectiva, apenas valor diagnóstico, pois, dessa forma, o discurso psicótico surge em contraponto ao discurso neurótico.

A segunda posição é própria da psicanálise e, embora Freud tenha dedicado relativamente pouca atenção à psicose em sua obra, acreditava que o conteúdo do delírio tinha a mesma origem daquela dos sonhos, ou seja, o inconsciente. Com isso poderíamos aplicar ao delírio o mesmo modelo interpretativo dos sonhos, o que ele fez em seu trabalho mais significativo sobre esta patologia: o caso Schreber.

Cabe aqui um parágrafo. Schreber era um bem-sucedido juiz que sofreu um surto psicótico. Restabeleceu-se apenas para sofrer outros surtos, que passaram a ocorrer com maior e maior freqüência, impedindo-o de reassumir suas funções. Finalmente, a esquizofrenia instalou-se em sua mente e ele foi internado num sanatório de onde nunca mais saiu. Lá assumiu a identidade de um personagem que chamou de Schreber e acreditava ser presidente. Escreveu um livro chamado *O presidente Schreber*. Freud jamais conheceu pessoalmente o homem que se dizia Schreber mas, partindo do princípio de que os psicóticos não têm censura, analisou o texto como se estivesse analisando o homem que o escrevera.

No entanto, o próprio Freud não recomendava o uso do método psicanalítico na terapêutica das psicoses, e afirmava expressamente que esse modelo deveria sofrer transformações para uso nesses casos.

Autores posteriores a Freud ousaram utilizar o modelo teórico-clínico da psicanálise no tratamento das psicoses, e ofereceram grandes contribuições nesse sentido, particularmente Melanie Klein e Jacques Lacan.

Em minha experiência clínica, porém, tenho podido observar diferenças fundamentais entre o sonho e o delírio, as quais serão objeto de futuro trabalho teórico. Para o momento, o que importa salientar é que, ao contrário do sonho, que nos apresenta um episódio, ou uma série deles, o delírio é uma história que tem um começo, um meio e um fim, e que será contada ou não dependendo da possibilidade de expressão. É um enredo que conduz a um fim que parece inexorável — e que não se trata de outra coisa senão a morte.

Na verdade, somos forçados a reconhecer que não sabemos: nem o que o delirante está dizendo, nem quem é *este* outro a quem o sujeito se dirige. A alteridade, nesse caso, emerge através de vários *outros* anônimos ou míticos, que são convocados ao discurso que narra o enredo da "verdadeira história" do sujeito em questão. Protagonista por excelência dessa trama, ele "revela" a sua verdade a alguém que supõe digno dessa confidência. Esse alguém é imaginário e visto apenas pelo sujeito que fala. A pessoa real a quem ele se dirige não é a pessoa para quem fala. Se, por algum motivo, o ouvinte real surgir aos olhos do sujeito como tal, as reações podem ser as mais diversas. Traído pela desconfiança do ouvinte, o paciente poderá ainda tentar alguma aliança, mas já em outros termos (pois o *outro* não é mais tão confiável), ou simplesmente tentar eliminá-lo. A dúvida jamais recai sobre a sua verdade, mas sim sobre o outro. Não custa lembrar Dom Quixote, que falava com uma camponesa como se fosse Dulcinéia, uma bela aristocrata. Nada que a camponesa (o outro real) dissesse conseguia demovê-lo da certeza de que falava com Dulcinéia (o outro imaginado). Tudo que a camponesa lhe disser, tentando, na sua ingenuidade, romper o absurdo, será filtrado pela mente do fidalgo apenas para confirmar sua "certeza".

O delírio é uma história completa, a história da vida de um personagem que envolve outros, e é nessa trama que o analista se vê enredado, sabendo que é nela que terá de se movimentar para sustentar seu lugar e o próprio tratamento. A seguir apresento alguns exemplos de construções delirantes.

O enigma de Selma

Selma diz ter 32 anos, é negra e trabalha como cozinheira numa instituição para idosos. Já tinha sido internada por seis vezes devido a surtos psicóticos, mas há mais de um ano vinha apresentando melhoras. Tendo arranjado esse emprego, vislumbrava agora suas primeiras férias. Ocorreu, entretanto, que no início das férias começou a sentir-se estranha. Procurou então o ambulatório do Hospital Psiquiátrico de Jurujuba em busca de ajuda. Foi recebida por Maritelma Vieira dos Santos, coordenadora do setor na época, a quem fez certas "revelações", reafirmando-as logo depois na primeira entrevista que teve comigo:

— Eu sou filha do Deus vivo. Sou irmã gêmea de Cristo, disse Selma com o olhar fixo que parecia me ultrapassar. A impressão que me dava era que ela falava com alguém que estivesse atrás de mim. Em seguida, abriu uma revista que carregava embaixo do braço, mostrou-me uma foto da Xuxa e disse:

— Essa sou eu, mas alguém roubou meu corpo e eu fiquei com este. Mas eu não era assim, não. Meu pai me fez branca.

Levantou-se e começou a andar de um lado para o outro. De repente, parou e falou com um ar intrigado:

— Mas tem uma coisa que eu não consigo entender. Como é que pode? Se eu sou irmã gêmea de Cristo e ele tem 33 anos, como é que eu tenho 32?

E olhou-me com um olhar ávido de resposta. Ela realmente parecia estar convencida de que eu teria a solução para esse enigma.

Era apenas uma coisa que ela não conseguia entender. O resto ela parecia compreender. O roubo de seu corpo e a distância de quase dois mil anos entre sua existência e a de Cristo não lhe causavam espécie. Problema, sim, era a diferença de um ano entre a idade de Cristo e a sua. Não que o tempo não importasse, pois o enigma incidia sobre ele: a idade é uma medida de tempo.

A princípio pensei que talvez essa diferença pudesse trazer dúvidas sobre o fato de que fossem gêmeos, ela e Cristo. Mas por que dois mil anos de diferença não teriam este efeito?

— Como é que pode?, repeti, devolvendo a ela a sua questão. E ela prosseguiu:

— Cristo apareceu para mim. Ele estava tão bonito! Aí ele disse: "Vai pra Jurujuba e, de lá, tenta salvar todo mundo, os pobres e os doentes." E ela interrompeu sua fala, numa espécie de êxtase.

"Ela veio a Jurujuba para cumprir uma missão redentora", pensei, mas meu pensamento foi interrompido por suas palavras. Ela continuava sua história, mas mudara totalmente o tom de voz:

— Na verdade, doutora, eu sou a Eva. Não é ela a mulher de Adão? Pois é. Eu sou ela. A senhora não imagina o sofrimento que eu passei pra dar nome a todas as pessoas do mundo. São todos meus filhos, não é?

Isto pareceu comovê-la. Chorou.

A distância temporal entre Eva, Cristo, Xuxa e ela, era a mesma, o que nos remete à sincronicidade já mencionada por Jung em relação ao mito e ao delírio. Devemos aqui evitar o ingênuo equívoco de pensar que a lógica do discurso psicótico seja anacrônica. O fato de os mitos conviverem em plena sincronia não elimina a diacronia. O delírio apresenta uma ordem cronológica que lhe é própria. Ele começa com uma apresentação do personagem e sua filiação. É possível que haja outras filiações posteriores e que o personagem adote, então, outro nome, e esse aspecto também nos faz lembrar a ordenação dos mitos.

No caso de Selma, o mito em que seu delírio se apoiava era claramente o judaico-cristão, e o lugar que ela reservava para mim devia constar deste elenco. Esperei que ela me desse alguma pista. E ela deu:

— Você é um anjo azul, ela disse. E complementou: Você é meu anjo da guarda.

Levando em consideração a perda da capacidade metafórica no delírio, podemos concluir que não se tratava de uma metáfora. Em meu lugar ela estava vendo um anjo azul.

Meu interesse na produção delirante pode parecer ao leitor uma dispersão em relação a tudo que pensei e escrevi até agora. Que ligação poderia ter o delírio com a hipnose e os fenômenos que mencionei?

Alguns hipnotistas, em geral os mais místicos, trabalham com a idéia de regressão hipnótica. Nessa concepção, o trabalho terapêutico consiste em induzir o sujeito a regredir, sob hipnose, a supostas vidas passadas. Esse tipo de tratamento apóia-se na crença da reencarnação. De fato, quando induzidos dessa forma, os sujeitos hipnotizados e em estado sonambúlico costumam encarnar um outro personagem, que viveu em outra época e em outro lugar bem diversos do seu. Esse personagem tem um nome, uma ou mais filiações e uma história de vida cujo enredo apresenta uma trama que os envolve e os conduz à morte.

Para os que praticam a regressão hipnótica, ou hipnose profunda, isso tem valor de prova de sua crença na reencarnação. Para os cientistas, no entanto, são outros aspectos que atraem sua atenção: na maioria dos casos essas histórias são absolutamente inverossímeis pelas contradições internas que apresentam, e não cabe aqui enumerá-las. O que importa no momento é esclarecer a forma como o delírio passou a me interessar, e a minha hipótese de que o tipo de produção encontrada nesses estados de regressão hipnótica tem a mesma estrutura de texto do delírio. Ou seja, o delírio é a expressão de um determinado modo de produção psíquica próprio a um estado que envolve não só o psiquismo como também o corpo. E mais: essa forma de ordenação lógica é comum à psicose e à hipnose profunda.

É cedo ainda para falarmos de uma outra possibilidade lógica do aparato psíquico humano, mas devo afirmar que é neste sentido que minhas investigações se dirigem, pois elas me conduzem a uma outra analogia com a ordenação lógica própria dos mitos. Os exemplos que darei a seguir, podem ajudar a esclarecer o que afirmo.

A odisséia de Aloísio

Aloísio, 36 anos, mulato, analfabeto, apresentou seu primeiro surto psicótico aos 18 anos de idade. Teve várias internações psiquiátricas e hoje mora com seus pais, passando o dia no Hospital de Jurujuba, participando de algumas atividades do Núcleo de Atenção Psicossocial.

Espantei-me quando me procurou no ambulatório dizendo que precisava conversar comigo. Eu já o conhecia, pois ele trabalhava na cantina do hospital, mas nunca havíamos trocado mais que poucas palavras. Ele disse que precisava revelar sua verdadeira história a alguém e eu lhe parecia confiável. Agendei um horário para ele, e nas duas primeiras entrevistas ele me pareceu muito desconfortável. Seu discurso era confuso e desordenado e eu me mantive fiel ao princípio fundamental da psicanálise, permitindo que ele se expressasse livremente, evitando interpelações ou interpretações apressadas — que, quando não são inúteis, são impeditivas e inibitórias. Foi somente na terceira sessão que ele pôde, então, contar-me sua "verdadeira história":

— Sou filho de um centauro com uma árvore. Depois passei por um processo de *erkésis*, afirmou.

— O que é isso?, perguntei.

— É um processo de encarnação, porque eu precisava de um corpo, não é?

— *Erkésis*?, repeti, para verificar se eu havia entendido bem a palavra.

— É, com "K". Depois é que eu nasci. Eu sou irmão do Charles, sabe quem é, não é?

É claro que eu imaginei quem fosse, mas assim mesmo perguntei quem era Charles.

— O príncipe, claro!, riu e prosseguiu. Quem é que ia dizer, olha só a minha cor e a dele. Mas é que eu sou filho de outro pai. Meu pai é um sultão e o pai do Charles é o Philip. Mas a minha mãe é a mesma que a dele: a rainha Elizabeth. Mas quando começou a guerra, os alemães invadiram a Inglaterra e aí eu tive que fugir para os Estados Unidos. Lá, eu fundei o City Bank. Eu sou o presidente do City Bank, só que eu perdi meus documentos quando tive que fugir de novo para o Brasil.

— E por que você teve que fugir de novo?, perguntei.

Ele riu e disse:

— É óbvio, não é?, e riu novamente, como se o motivo de sua fuga fosse evidente e que eu estivesse me fazendo de desentendida. E continuou:

— Vim nadando de Nova York até Niterói. Para ninguém me achar, eu vim nadando embaixo da jangada de um pescador. Nem ele sabia que eu estava lá. Durante o dia eu ficava embaixo d'água e à noite, enquanto ele dormia, eu saía para respirar. Quando eu cheguei no Brasil eu fundei a Volkswagen aqui em Niterói. Foi a primeira do Brasil. Os primeiros carros que nós fizemos eram anfíbios, porque tínhamos que atravessar os carros pela Baía de Guanabara (aqui ele fez com as mãos o movimento do mergulho dos carros n'água). No Rio é que eles eram vendidos. Aqui eu me casei e tive dois filhos, mas toda a minha família foi morta, metralhada pela máfia. Esses que estão aí no lugar deles são homônimos. Eles me adotaram e têm os mesmos nomes dos meus pais, mas não são eles, não. Sabe como é que a minha mulher morreu? Nós estávamos de helicóptero e eles estavam atrás de nós num outro helicóptero. Aí eu disse para ela: "Não olha para baixo!" Mas ela olhou. Como ela não tinha o mesmo tipo sangüíneo que eu, explodiu.

Nessa altura ele parou, pôs as mãos na cabeça e balançou-a como a se lamentar do ocorrido. De repente, como que animado por um ímpeto de ação, informou:

— Amanhã eu vou telefonar para Nova York e falar com a minha secretária para tentar localizar meus documentos.

Eu já encerrara a sessão e ele já estava próximo à porta para sair quando voltou-se subitamente e disse:

— Ah! E meu nome não é esse, não. Meu nome verdadeiro é Henrique Ambrieto. E saiu parecendo aliviado.

A primeira filiação de Aloísio tinha origem na zoologia fantástica — o centauro —, e me parecia impossível que, sendo ele analfabeto e de uma família humilde, tivesse conhecimento dessa figura mítica que não é popular em nossa cultura. E ele, de fato, sabia o que era, porque perguntei posteriormente o que era um centauro e ele me disse: "Metade cavalo, metade homem."

Em *O livro dos seres imaginários*, Jorge Luis Borges descreve os centauros como criaturas harmoniosas, de índole heterogênea. Filhos de Íxion, rei da Tessália, com uma nuvem, a quem Zeus deu a forma de Hera, os centauros são seres biformes. Da mesma forma que, no mito, Íxion se acasalara com uma nuvem, no delírio de Aloísio o centauro havia se acasalado com um elemento da natureza, a árvore.

Centauro é uma derivação de *gandhavas* que, na mitologia védica são divindades menores que guiam os cavalos do sol. Borges lembra ainda que, no mundo platônico das formas, há um arquétipo do centauro, como do cavalo ou do homem.

O que pode nos chamar a atenção na articulação do delírio de Aloísio e o mito do centauro é que apresentam a mesma estrutura de texto. A analogia entre o delírio e o mito não é uma novidade, e foi particularmente pensada e explorada por Karl Jung. Sem entrar na discussão da perspectiva junguiana, pretendo colocar a questão de outra forma, (talvez, mesmo, em direção contrária) e supor que o mito só é possível porque o homem delira. Em outras palavras, é porque o homem pode delirar, é capaz dessa operação mental, que existem os mitos. Dessa forma, a produção delirante adquire um outro status e um outro valor de investigação e pesquisa. O delírio não é a ausência de sentido — *nonsense* —, mas sim um sentido que ainda não conseguimos capturar. Ao mesmo tempo, ele não se identifica com a produção onírica dos sonhos e podemos começar a pensar que talvez o delírio esteja revelando alguma outra estrutura psíquica que desconheçamos, ou ainda uma outra forma de articulação entre as estruturas psíquicas que conhecemos.

Os inimigos de João

Este caso é um exemplo de um delírio que ainda começava a se estruturar, pois se refere ao primeiro surto de João, negro, 30 anos, casado, pai de uma menina de 7 anos e que trabalhava à época como gari. O surto se deu num domingo de Carnaval.

— De repente ele ficou estranho, disse-nos sua esposa assustada. Ele nunca foi assim. Sempre foi bom marido e bom pai. Ele só é meio trancado.

Durante o surto, João tornou-se outro personagem. Era um agente da Polícia Federal enredado numa trama na qual era perseguido pela máfia por ter descoberto as bocas de fumo da região. Passou a acreditar que todas as pessoas estavam fantasiadas para que ele não as reconhecesse. Mas, ao conseguir identificar os perseguidores entre os foliões que passavam na rua, começou a defender-se com pedras antes que eles o atacassem. Segundo a esposa de João, enquanto atirava pedras, ele gritava coisas incompreensíveis.

João foi internado por um mês, e durante esse período o policial parecia habitar seu corpo. Sempre preocupado com a máfia, procurava identificar dentro do hospital quem poderia estar ligado a ela. Subitamente, João "voltou ao normal", como ele mesmo disse. E não se recordava nem de seus atos, nem de seu delírio. De todo o tempo em que esteve naquele *estado* ele apenas se lembrava que tinha sido "horrível". Quanto à sua produção delirante, ele riu quando lhe expus sua história. Mas depois disse sorrindo:

— Mas que queriam me matar, queriam.

A evolução que acabo de escrever é bastante comum na paranóia, caracterizando-se por surtos episódicos sem nenhum motivo aparente. Fora da crise, o enigma para João é a própria crise.

— Como é que pode? Eu sou um homem tão pacífico!

João voltou a trabalhar sem abandonar o tratamento medicamentoso e o acompanhamento psicoterápico. Mesmo assim, aproximadamente um ano após o primeiro surto apresentou outro com características muito similares. O mesmo agente da Polícia Federal se apoderou dele, com nova história; o delírio assumiu outras proporções. Mas houve uma diferença muito significativa: ele não agrediu ninguém e pediu que o levassem ao Hospital Psiquiátrico de Jurujuba.

O AUTISMO E AS PSICOSES DA INFÂNCIA

A dificuldade em delimitar as diferenças entre as psicoses da infância e as do adulto tem origem em outra dificuldade: a de definir a linha divisória que separa uma criança de um adulto.

Do ponto de vista médico, a resposta parece simples: a puberdade e as transformações corporais que ela acarreta. Esse limite, essa barreira natural, assume outras proporções e características quando examinados sob novos ângulos. Todas as sociedades humanas tiveram e têm ritos de iniciação e de entrada na vida adulta.

A grande contribuição de Freud nesse sentido foi a de ter introduzido marcos de desenvolvimento psíquico da criança, que, segundo ele, percorria um longo caminho, muito mais complexo que a puberdade.

Até hoje é impossível prever que tipo de adulto será a criança que educamos ou que tratamos. Já vimos crianças tímidas e tristes se transformarem em adultos extrovertidos e alegres, e vice-versa; péssimos alunos se converterem em adultos brilhantes, como é o caso exemplar e conhecido de Albert Einstein. Da mesma forma, vimos que alunos brilhantes no ensino fundamental podem se tornar adultos medíocres e malsucedidos. Não há regras que nos permitam fazer qualquer tipo de previsão nesse sentido. Não há como antever que tipo de embates, perdas ou ganhos a vida oferecerá a nossos pequenos heróis e com que ou quem eles contarão para enfrentar as diversas situações com as quais vão se deparar. Tentamos equipá-los da melhor forma possível, mas já sabendo de antemão que o que lhes oferecemos pode não ser suficiente para certos enfrentamentos impostos pelo destino ou pelas circunstâncias.

No entanto, no que se refere a crianças autistas e aos recursos de que dispúnhamos para tratá-las, elas permaneciam autistas, ou ainda, quando adultas, eram diagnosticadas como esquizofrênicas. Era um diagnóstico fechado que indicava um percurso pelas psicoses.

O autismo tem sido um enigma para todos que o estudam. Em primeiro lugar, devido ao fato de ter sido descrito há muito pouco tempo. Pode-se afirmar que Leo Kanner fundou a psiquiatria infantil ao descrever pela primeira vez os sintomas e a evolução do que ele chamou de uma síndrome caracterizada pelas perturbações afetivas na relação com o meio e pela precocidade de ocorrência. As observações anteriores feitas por Sancte de Santis (demência precoce) e por Howard e Potter (esquizofrenia infantil) pretendiam encontrar em crianças os sintomas dos estados patológicos correspondentes aos percebidos em adultos.

A descrição feita por Kanner é minuciosa e abrange vários pontos de vista: o psicomotor, o lingüístico, o comportamental e o neurológico. No entanto, a caracterização do quadro clínico refere-se menos ao somatório dessas características do que à incapacidade inata para constituir uma relação afetiva e para responder aos estímulos do meio. Estamos, portanto, diante de modelo psicopatológico cujo estudo irá conduzir à adoção de um modelo clínico.

Num artigo de 1943 intitulado "Distúrbios autísticos do contato afetivo", ele assim define e caracteriza o autismo precoce infantil: "O excepcional, o patognomônico, a desordem fundamental é a inaptidão destas crianças para estabelecer relações normais com as pessoas e para reagir normalmente às situações desde o início da vida ... . Desde o início, há uma extrema solidão autista, que, sempre que possível, desdenha, ignora, exclui tudo que lhe vem do exterior."

A primeira descrição feita por Kanner supõe um distúrbio primário similar ao que Bleuer observou na esquizofrenia. No entanto, Kanner não se refere ao estado autístico como um "fechamento sobre si mesmo" por parte da criança, mas como uma espécie de contato particular e específico com o mundo exterior.

Nos anos subseqüentes à publicação dos trabalhos fundamentais de Kanner, a psiquiatria produziu posições diversas quanto ao tema que ele inaugurara: alguns autores classificaram o autismo e a esquizofrenia infantil como a mesma patologia; outros consideraram que não se podia falar sobre esquizofrenia infantil; e ainda havia aqueles que, além de julgar impróprio o termo "esquizofrenia infantil", classificavam o autismo dentro das psicoses da infância. Particularmente Clancy e Schloper perguntavam-se se o autismo, tendo tal analogia com a esquizofrenia, poderia vir a ser considerado o primeiro momento de um processo esquizofrênico.

Em *Austismo e psicoses da criança*, Serge Lebovici e Phillipe Mazet julgaram impróprio para o momento sustentar tais afirmações, mas mencionaram psiquiatras da Europa Oriental que afirmam a continuidade do processo psicótico nesse caso, quaisquer que sejam os avatares clínicos.

A discussão, na verdade, gira em torno da seguinte questão: só se perde o que se tem. Se o que está em jogo na psicose é a perda da razão, um bebê não tem como perdê-la, pois nunca a teve. Da mesma forma uma criança de 2 ou 3 anos.

Kanner insistia na especificidade clínica da síndrome autística. Segundo ele, o fenômeno teria apenas um elo processual. De qualquer forma, é importante salientar que todos os autores observavam similaridades entre o autismo e a esquizofrenia.

Quando, já em 1971, Margaret Mahler estudou as psicoses infantis, fez uma distinção entre o que chamou de psicoses autísticas e psicoses simbióticas. Ambas seriam diagnosticáveis conforme a idade ou estágio de desenvolvimento em que a criança se encontrasse, quando do aparecimento do processo patológico. Ao mesmo tempo, estabeleceu que deveria haver, no desenvolvimento normal de qualquer criança, um estágio autístico que seria seguido de um estágio simbiótico. A criança sairia do primeiro estágio no momento decisivo em que fosse capaz de diferenciar a si mesma do que ela não era, ou seja, o eu e o não-eu.

A contribuição de Mahler é de grande valor, principalmente no que se refere ao diagnóstico, que foi facilitado pela correspondência da patologia com a idade ou estágio em que ela brotasse. A grosso modo, ficamos com três grandes grupos de psicoses infantis: o autismo, observável nos primeiros meses de vida; as psicoses simbióticas, que teriam aparecimento entre 1 e 4/5 anos de idade; e as psicoses esquizofreniformes, que poderiam emergir no intervalo entre os 5 anos e o início da puberdade.

Se esse critério pode nortear a investigação diagnóstica, ele não pode ser aplicado rigorosamente. Em primeiro lugar, nem sempre é possível identificar com precisão o início de um processo psicopatológico em crianças muito pequenas. Há dois tipos de bebês autistas: os apáticos e os hipercinéticos, ou agitados. Os primeiros podem ser confundidos com bebês calmos e "bonzinhos", como no caso de Fabrício, a que me referi anteriormente; já os hipercinéticos podem apresentar picos de agitação que causam a impressão de crises ou estados convulsivos. Além disso, é muito difícil precisar o momento em que a criança, em seu desenvolvimento normal, conquista a representação de si mesma, que lhe permite diferenciar-se do que não é ela.

Outros complicadores têm lançado confusão e dúvida na avaliação diagnóstica de crianças. Raramente encontramos dois autistas que se assemelhem. O próprio Kanner, que descreveu a síndrome a partir da observação de onze crianças, encontrou entre elas diferenças muito significativas. Em sua maioria, apresentam aspectos do seu desenvolvimento muito preservados e normais ao lado de sérios comprometimentos em outros. A evolução psicomotora pode estar comprometida ou não; da mesma forma o desenvolvimento intelectual.

A observação da estranheza dessas crianças raramente é feita pelos próprios pais, independentemente da atenção que dediquem aos filhos ou de seu nível cultural. É como se estivessem impedidos de percebê-la. De uma maneira geral, essa estranheza é percebida por parentes próximos, amigos ou na escola. A exceção deve ser feita aos casos em que o estado autístico se configura após alguma enfermidade orgânica grave que tenha atingido a criança e que a tenha submetido a muito sofrimento. Nesses casos, os pais costumam perceber com mais nitidez a mudança que ocorre no curso do desenvolvimento de seus filhos. A rigor, não seriam autistas, mas sim "falsos autistas" (*autism-like*), e têm apresentado resposta bastante diferenciada ao tratamento psicanalítico.

O autismo ocorre em todas as classes sociais e em todas as etnias com a mesma distribuição e a mesma predominância: 1 a 4,5 por dez mil. A distribuição entre os sexos é sempre idêntica, na proporção de 4 meninos atingidos para 1 menina, sendo que o quadro clínico é geralmente mais grave nas meninas. Considerando a população brasileira (em torno de 150 milhões), poderíamos fazer uma estimativa de que, no Brasil, teríamos uma população de autistas oscilando entre dez a cinqüenta mil, o que seria muito pouco.

No entanto, Leboyer e Robertouk, em seu trabalho "Genética e autismo", questionam esses valores, afirmando que eles se apóiam em dados estatisticamente antigos e que mereceriam ser complementados por novas pesquisas que utilizassem, de modo mais preciso e homogêneo, as escalas diagnósticas atuais. Os valores acima não incluem outras formas de psicose infantil, bem como os casos de diagnóstico duvidoso e impreciso, o que aumentaria assombrosamente essa proporção. Particularmente, em nosso país dispomos de pouco ou quase nenhum material estatístico no campo da saúde mental, e costumamos aplicar resultados de pesquisas feitas em países desenvolvidos, através de estimativas. Seria o mesmo artifício que considerar alfabetizado todo indivíduo que soubesse assinar o seu nome. Com isso, reduziríamos espantosamente os índices de analfabetismo no país, sem estar, no entanto, encostando no problema; o que mudou foi apenas o critério, o escopo.

O mesmo acontece com as formas autísticas que escapam ao modelo descrito por Leo Kanner, que inspirou o manual DSM III (*Diagnostic and Statistical Manual of Mental Disorders*) no que diz respeito a essa síndrome.

Ainda hoje, por falta de instrumental diagnóstico confiável, encontraremos várias crianças autistas ou psicóticas em Escolas Especiais para deficientes mentais. Os autistas nos confundem porque, quase invariavelmente, são crianças fisicamente muito saudáveis e bonitas. Mas apresentam um olhar que dá a impressão de "não pertencerem a este mundo". A fixidez de seu olhar nos dá a sensação e a medida de sua ausência. São presenças ausentes nos vários sentidos que possamos dar a esta expressão. Parecem nos atravessar com seu olhar, como se nós não existíssemos. De uma maneira geral evitam encarar as pessoas e viram a cabeça para o lado a fim de evitar qualquer contato visual.

Geraldo e a baleia

Geraldo era uma criança autista que atendi durante muito tempo. Ele tinha 3 anos quando começamos o tratamento. Nos primeiros quatro meses eu o esperava em minha sala, lendo uma revista ou um livro. Ficava sentada na poltrona e deixava a porta do consultório aberta. Ele permanecia na sala de espera com sua mãe e às vezes vinha me espiar. Se eu o olhasse, ele fugia correndo de volta, para perto da mãe. Quando se certificava de que eu estava lendo e que não o olhava, entrava sorrateiramente e se escondia debaixo do divã ou da mesa. Como logo percebi que ele não suportava ser observado, eu mantinha os olhos fixos no que estivesse lendo. Aos poucos, e sempre me vigiando, ele saía de seu esconderijo. Rastejava pelos cantos da sala, por trás dos móveis, até atingir a estante onde eu deixava alguns brinquedos à sua disposição. Geraldo escolhia sempre os mesmos bonecos: uns soldadinhos de plástico. Parecia uma guerra entre nós. Pegava os bonecos como se os estivesse furtando e me olhava, sempre para se certificar de que eu não o estava vendo. Depois retornava rastejando para seu esconderijo. E eu podia ouvi-lo conversar com os bonecos: "Cuidado, meus amigos! Cuidado com a baleia! Vamos nos esconder atrás das montanhas." Às vezes falava tão baixo que eu não podia ouvi-lo, mas, a qualquer ruído meu, ele interrompia o que estivesse fazendo para me observar. Essa era a única forma de ele se manter dentro do consultório.

O comportamento delirante que a criança produz preserva as características da vida fantasmática própria da infância. As crianças teatralizam mais os seus fantasmas do que os verbalizam. O delírio infantil é um cenário no qual se desenvolve a história de um personagem, e tudo torna-se mais difícil, pois o enredo é encenado, e não falado.

Foram necessários aproximadamente três meses para que Geraldo pudesse sair de seu esconderijo e brincar no tapete à minha frente, com os mesmos bonecos. Às vezes, ele os reunia todos com as duas mãos e simulava uma explosão, fazendo o gestual e a sonoplastia, jogando-os para cima e deixando que se espalhassem pelo chão como se estivessem mortos. Mas, a qualquer movimento meu, ele os fazia ressuscitar e os alertava: "Cuidado com a baleia, hein! Olha a baleia! Está na hora de fugir!" Ficava mais que claro que a baleia era eu, ou melhor, o personagem que eu encarnava.

Eventualmente, eu recebia sua mãe para entrevistas e ela me relatava melhoras na fala e no comportamento de Geraldo que pareciam não ter correspondência no tratamento. Aliás, foi preciso algum tempo de experiência clínica para eu observar que a evolução dessas crianças parecia se dar de um modo proporcionalmente inverso ao tratamento. Quero dizer com isso que quanto mais bizarras e delirantes elas se mostravam dentro do meu consultório (no chamado setting analítico), melhores eram os relatos de seus pais e de seus professores acerca de seu comportamento. Ao contrário, quando elas pareciam se comportar melhor comigo, eu era assolada por queixas de sua "piora" em casa e na escola. A impressão que me davam é a de que funcionávamos numa lógica do "ou": ou eram bizarras, estranhas e delirantes no setting analítico, ou em seu universo cotidiano.

Geraldo levou muito mais de três meses para suportar que eu o olhasse. *E como eu tinha vontade de fazê-lo!* Ele era uma das crianças mais belas que eu já vira pessoalmente. Parecia um anjo louro com imensos olhos azuis sempre vitrificados. Tinha a pele muito clara e translúcida, o que reforçava sua imagem angelical.

Esta mesma translucidez eu fui rever, anos depois, no curso de hipnose que fiz em 1994. Assistíamos a uma aula prática em que um colega hipnotizava o outro. Nesse caso particular, o hipnotizado era um médico cirurgião. Na técnica que utilizava, a colega psicanalista dava uma sugestão ao médico. Ela disse-lhe que colocara uma luva em sua mão esquerda e que esta mão teria sua sensibilidade reduzida. Imediatamente, a mão do hipnotizado passou a ter aquele mesmo aspecto translúcido que eu vira na pele de Geraldo. O fato foi observado por todos que assistiam à aula e a explicação que recebemos do professor foi a de que teria se produzido um estreitamento dos vasos sangüíneos pela sugestão de lhe ter sido colocada uma luva. (Esse mesmo fenômeno da vasoconstricção ocorre quando se ordena ao paciente sob hipnose que ele não sangre no ato de um corte cirúrgico. Com isso, pode-se realizar uma cirurgia com uma grande diminuição de riscos, tanto de hemorragia quanto de infecção.)

Após ter despertado, o cirurgião relatou que, ao ouvir a sugestão da luva em sua mão, teria tido a mesma sensação que observava habitualmente ao pôr a luva cirúrgica: a de compressão nas mãos. Explicou que usava sempre luvas muito apertadas, para melhor ajustá-las às suas mãos, pois qualquer folga podia atrapalhar seus movimentos.

A translucidez seria, portanto, efeito de uma baixa vascularização periférica. O fenômeno, que parecia tão mágico, passava a ter um nome e uma explicação científicos. Da mesma forma que o olhar do hipnotizado que ganhava também outro nome: catalepsia ocular.

Nem todas as crianças autistas apresentam esse olhar sonambúlico, ou essa translucidez na pele. Da mesma forma, sob hipnose, podemos observar grandes variações nos fenômenos manifestos. Cada pessoa reage de forma diversa à indução hipnótica, dependendo da relação que tenha com o hipnotizador, do momento em que é hipnotizado, das circunstâncias etc.

As crianças autistas também apresentam uma grande variação no comportamento manifesto, e a única característica que parece ser realmente comum a todas elas é a aparente impossibilidade de se relacionar com o outro, seja ele quem for.

Inúmeras vezes me perguntei, em vista da modéstia dos resultados que obtínhamos, se essas crianças teriam o mesmo desenvolvimento com ou sem tratamento. A resposta surgiu na clínica.

O mistério de Carlos

Foi no Hospital Psiquiátrico de Jurujuba que conheci Carlos. Ele tinha então 23 anos. Veio trazido por sua mãe, uma portuguesa, dona-de-casa, que já vivia há mais de 30 anos no Brasil. A mãe chegou solicitando uma internação psiquiátrica alegando que seu filho tinha "convulsões horríveis" desde bebê, e que os neurologistas não conseguiam controlá-las apesar das doses altíssimas de anticonvulsivantes.

Como fui chamada a fazer parte da equipe que o atenderia, assumi a posição de que deveríamos interná-lo por alguns dias para observá-lo sem a presença da mãe.

Carlos parecia-se com Quasímodo, o patético personagem de Victor Hugo. Apresentava uma deformidade que dava a impressão de uma corcunda, mas que, na verdade, era conseqüência de uma fratura de clavícula sofrida na infância. Segundo a mãe, como ele não se queixava de dor, o acidente lhe passara despercebido. Só foi diagnosticado muito tempo depois, quando a deformidade (produto da má calcificação) tornou-se visível.

Quanto às convulsões, somente ela as via. O rapaz não falava; emitia uns sons estranhos que pareciam grunhidos, que somente ela entendia. Como suspeitei de que pudesse ser um caso de autismo infantil não-tratado, sugeri à equipe médica a retirada dos anticonvulsivantes para que pudéssemos presenciar e observar as convulsões de que falava a mãe, uma vez que ela afirmava que a medicação não tinha efeito algum sobre seu filho. Avaliada a possibilidade e, na ausência de riscos — já que estaria internado e permanentemente observado —, a administração de anticonvulsivantes foi suspensa.

Durante um mês Carlos permaneceu internado em observação. Paralelamente, eu atendia sua mãe, d. Marieta, no ambulatório. Ao mesmo tempo em que ela parecia aliviada com a ausência do rapaz que a "consumia" o dia inteiro, dava a impressão de não suportar a sua falta. Essa ambivalência era visível em todas as suas ações; insistia em que ele permanecesse internado, mas vinha visitá-lo com muita freqüência, queixando-se de sua — dela — solidão e do vazio insuportável.

Aos poucos, à medida que ela ia estabelecendo uma relação de confiança comigo, foi se configurando o quadro terrível, de um autista não-tratado. Por exemplo, Carlos nunca apresentara controle esfincteriano, o que significava que era capaz de defecar onde estivesse e quando lhe desse vontade. "Minha casa tem cheiro de merda", dizia ela inconformada, "apesar de eu limpar merda o dia inteiro." Ninguém mais queria visitá-la, nem mesmo sua filha, que, tendo se casado muito jovem, a evitava. Seu marido a tinha abandonado e ficaram só ela e Carlos, numa casa distante do centro e de difícil acesso.

Durante todo o tempo em que esteve internado, Carlos não apresentou nenhuma convulsão. Ele era capaz de permanecer horas a fio, em pé, olhando a paisagem pela janela. Seu olhar era fixo e distante. Às vezes apresentava movimentos estereotipados, típicos dos autistas, hoje denominados "flapping" porque se assemelham ao bater das asas dos pássaros. Às vezes ria sozinho e parecia querer voar. Como sabíamos que não tinha controle esfincteriano, a enfermagem o conduzia ao banheiro com mais freqüência e ele aceitava defecar e urinar na privada. Da mesma forma, aceitava alimentação, mas necessitava de ajuda para o uso da colher. Quando das visitas de d. Marieta, manifestava uma excitação, que não sabíamos definir se era prazerosa ou angustiada. Talvez fossem as duas coisas ao mesmo tempo. Talvez ele se sentisse exatamente como ela.

Após um mês de internação levantamos duas hipóteses acerca de suas "convulsões": ou sua mãe confundia o "flapping" com as convulsões, ou era a sua presença que as produzia. Seu eletroencefalograma não apresentava nenhuma alteração digna de nota.

Quando, enfim, demos alta a Carlos, sua mãe nos pareceu bastante contrariada. Perguntou-nos se não poderíamos "ficar com ele". Essa parecia ser a única forma de se separar de seu filho, de realizar um parto psíquico que não pôde ser levado a termo. Como hoje não aceitamos mais, na rede pública, essas formas de internação (pois só têm levado ao abandono do paciente), oferecemos como alternativa um tratamento ambulatorial. Carlos e d. Marieta seriam atendidos por mim com o intervalo de uma semana, pois ela alegava não poder retornar antes disso. "Tenho muita coisa para fazer em casa, o hospital fica muito longe" etc.

Na semana seguinte, no horário combinado, os dois me esperavam no ambulatório. D. Marieta estava muito nervosa e irritada. Assim que entraram no consultório, ela já foi mostrando seus braços e os de Carlos. "Está vendo? A senhora está vendo isso?" "Isso", eram umas chagas abertas, como bolhas que se formam após queimaduras. Algumas tinham arrebentado e se tornado feridas.

Eu as olhei cuidadosamente, tanto as da mãe como as do filho, e ambas eram muito semelhantes. O que me chamou a atenção, entretanto, foi o fato de elas não serem purulentas ou sangrentas. Eram feridas abertas, secas e limpas.

— Ele pegou isso aqui no hospital!, esbravejou. E depois passou para mim! Ele nunca teve isso.

Pedi-lhe que se acalmasse e solicitei a um dos colegas médicos que olhasse as feridas. Disse-lhe também que iria à enfermaria para averiguar se havia algum paciente ali que apresentasse enfermidade semelhante e que pudesse tê-la transmitido a Carlos.

Enquanto Carlos e sua mãe eram examinados por uma equipe médica, fui à enfermaria onde o rapaz havia sido internado. Não havia nenhum paciente que apresentasse tais sintomas. Perguntei à enfermagem se tinha observado tais bolhas no paciente na semana anterior, quando tivera alta. Os atendentes que cuidaram de Carlos declararam que não.

Aqui cabe um parêntese. Os hospitais psiquiátricos não são como os outros. A rigor não deveriam ter enfermarias, mas sim uma hotelaria que pudesse hospedar pacientes por um tempo determinado. Os pacientes psiquiátricos raramente apresentam doenças infectocontagiosas, como já observei anteriormente, e portanto a possibilidade de que Carlos tivesse contraído alguma enfermidade durante sua internação era mínima.

Quando retornei ao ambulatório, a equipe médica ainda não havia chegado a uma conclusão quanto à natureza das erupções. Os médicos tendiam a considerá-las uma manifestação alérgica, já que não apresentavam características de processo infeccioso.

D. Marieta confirmou que só percebeu as bolhas em Carlos depois de sua volta para casa. Logo após, ela começou a manifestar o mesmo sintoma. Concluiu, então, que seu filho havia contraído aquela "doença" no hospital. Os dois foram medicados com antialérgicos e em poucos dias as feridas cicatrizaram e as "bolhas" desapareceram.

Tinham alergia um ao outro — não num sentido metafórico, mas real!

D. Marieta e seu filho retornaram ao ambulatório para tratamento durante aproximadamente um mês, depois do que ela me disse que não viria mais; era um "sacrifício" muito grande que ela fazia para trazê-lo, pois moravam longe e não tinham carro, e além disso ele estava mais tranqüilo agora. Agradeceu muito a todos que os atenderam e abandonou o tratamento, dizendo que nos procuraria quando precisasse.

Já nos é conhecida a resistência de mães e pais de autistas a qualquer psicoterapia. Em parte pela modéstia dos resultados obtidos e pelo tempo requerido para que se possa observar algum efeito. Mas, por outro lado, temos de levar em consideração o fato de que essas mães têm sido injustamente culpabilizadas pela condição autística de seus filhos, quando são tão vítimas desse acidente quanto eles. De qualquer forma, o caso de Carlos revelava os efeitos de nossos esforços, por comparação às crianças autistas que são tratadas.

Além disso, este caso também colocava em evidência as duas observações que há tempos chamavam minha atenção:

- A ausência de dor: Carlos não manifestou dor alguma quando sofreu a fratura de sua clavícula, o que é uma experiência extremamente dolorosa.
- O não-adoecimento: ele jamais adoeceu, mesmo estando sempre em contato com suas próprias fezes e sem hábitos de higiene.

(É claro que estou me baseando nas palavras de sua mãe, mas eu não teria por que pensar que ela estivesse mentindo.)

Mais tarde encontrei as mesmas características em adultos esquizofrênicos. A diferença que quero salientar agora entre os autistas e os esquizofrênicos é relativa ao ciclo vital. Os esquizofrênicos, conforme o caso, podem viver e conviver com seu ambiente durante um período mais ou menos longo. Aprendem a falar seu idioma pátrio, adquirem hábitos e costumes que lhes são passados por suas famílias até que, num determinado momento, dá-se uma ruptura na qual começam a perder vínculos e elos com o social; em certos casos; a alienação é tal que os impede de falar. No caso dos autistas, não podemos falar de perdas, pois essas crianças são estrangeiras em sua própria língua, costumes e hábitos familiares. Elas jamais chegaram a dominar o sistema de signos que utilizamos para nos comunicar; mesmo quando falam, não sabemos se estão utilizando aqueles signos da mesma forma que nós, ou seja, para se comunicar.

Faustino e a palavra escrita

Faustino aprendeu a ler sozinho aos 2 anos de idade. Sua mãe achava que ele seria uma gênio, pois era capaz de ler em voz alta notícias inteiras de jornal.

Naturalmente, ele não tinha a mais remota idéia do sentido e do significado daquele conjunto de sons. Ao mesmo tempo, não conseguia se comunicar através das palavras. Quando queria beber água, por exemplo, tomava a mão da mãe como se fosse sua, levava-a até a geladeira e a fazia abri-la para pegar a garrafa d'água.

Como sabia ler, os objetos e as coisas levavam o nome do que estava estampado sobre elas; Brastemp duplex era o nome da sua geladeira, bem como Continental 2001 era o nome do seu fogão; Bic era como ele designava a sua caneta, e seus lápis de cor eram denominados de Johann Faber. Portanto, Johann Faber nº22 era o nome do lápis vermelho, Johann Faber nº20 era o lápis amarelo e assim por diante. Isso não queria dizer que o nº22 fosse utilizado para designar todas as coisas vermelhas, ou o nº20, para todas as coisas amarelas. Johann Faber nº22 era o nome daquele lápis, e somente daquele — o conceito de vermelho, não era substituído pelo nº22. Ele não tinha a noção de cor, da mesma forma que não tinha o conceito de lápis. Quando examinava um objeto qualquer que pudesse pegar com as mãos, revirava-o, aparentemente em busca de alguma inscrição que lhe permitisse dar um nome àquela coisa. Se não encontrasse nada escrito, ficava muito aflito e agitava-se, mas não conseguia perguntar o nome do objeto, da mesma forma que recusava um nome que lhe fosse dito. Aceitava somente o que estava escrito. E foi assim que comecei a me comunicar com ele. Todas as vezes em que ele examinava um objeto "sem nome", antes que ele começasse a se afligir, eu escrevia numa folha de papel, em letras bem grandes, o nome do objeto e lhe apresentava.

A primeira vez que fiz isso, ele tinha uma bola de borracha azul nas mãos e a girava em busca de seu "nome". É claro que ele já havia manuseado inúmeras bolas como aquela, mas não aquela. Escrevi a palavra "bola" e mostrei-lhe o papel. Ao ler a palavra em voz alta, ele manifestou uma espécie de frêmito ao perceber que o que ele havia lido respondia a uma pergunta que ele fizera. A princípio, começou a rir nervosamente e a agitar-se, mas logo a agitação se transformou em excitação. Começou a pegar vários objetos e os mostrava a mim, um de cada vez, para que eu escrevesse seus nomes. A cada nome que eu escrevia, ele ria muito e me olhava como se estivesse me vendo pela primeira vez. Dava-me a impressão de que descobrira uma utilidade, uma função para mim, e que a partir disso eu passara a existir para ele. Ele parecia se sentir poderoso por poder me usar para dar nome às coisas.

Esse episódio teve um efeito muito marcante sobre ele: deixou de apresentar as crises de angústia que eram freqüentes, e começou a tentar se comunicar através das palavras, embora de forma bizarra, como um estrangeiro tentando fazer uso de um idioma que lhe seja completamente estranho, e que por isso mesmo desrespeitava todas as regras sintáticas e gramaticais.

A primeira vez que me pediu água, aproximou-se de mim, pegou a minha mão, olhou-me nos olhos e disse: "Quer pedir com água da Monica?" Muito mais fácil seria, simplesmente, pedir "água". Esta forma de construção, mais complicada e até mesmo pouco compreensível, foi a que permitiu a Faustino a comunicação verbal.

Leo Kanner já havia observado que as crianças autistas utilizam a 3ª pessoa do singular para referir-se a si próprios e ignoram a existência da 1ª pessoa do singular. A noção do eu é algo que não se ensina; é algo que se aprende, ou melhor, se apreende. Este é um conceito que os autistas não têm. É como se estivessem fundidos com o mundo exterior e todas as coisas fossem experimentadas como eu, embora, paradoxalmente, elas não tenham senso algum do que seja o eu e o não-eu. Isso explica o fato de que qualquer mudança no ambiente possa ser vivida como perda corporal, como amputação, produzindo uma angústia insuportável.

O fato de eu ter estabelecido uma relação analógica entre os estados autísticos e os estados hipnóticos permite-me explicar essa impossibilidade de identificar o que está fora e o que está dentro, pois, na hipnose, o que se observa é a desestruturação desses limites. Por exemplo, ruídos imaginados são alucinados, ou seja, percebidos como sons que vêm de fora. No caso de alguém que já tenha consolidado esta noção do eu, podemos dizer que, hipnotizado, ele perde parcialmente essa noção graças ao estado confusional provocado pela hipnose. Uma vez desperto do sono hipnótico, o sujeito em questão recupera imediatamente a percepção de si e das delimitações do eu e do não-eu.

Imaginemos agora esse mesmo mecanismo numa criança que jamais teve a noção do que seja eu, ou melhor, uma criança imersa num estado hipnótico, impossibilitada de distinguir o que ela é e o que não é! Essa analogia que estabeleci joga luz sobre uma série de fenômenos próprios do autismo mas, por outro lado, apresenta alguns problemas teóricos com os quais terei de me deparar e que serão tema de futuros trabalhos.

A essa altura é possível que o leitor ache plausível a minha hipótese para os casos de crianças completamente apáticas, de olhar fixo (sonambúlico), que não falam, não solicitam alimentação e mal conseguem se locomover. Mas nem todas as crianças autistas são assim; aliás, a maioria não é assim.

Da mesma forma que os estados autísticos, os estados hipnóticos apresentam uma enorme variação fenomênica. Uma pessoa pode se encontrar em estado sonambúlico, ou seja, em hipnose profunda, e ainda assim dialogar com seu hipnotizador. É muito difícil para o próprio sujeito que se submeteu à indução hipnótica saber se foi hipnotizado ou não. A hipnose apresenta gradações e manifestações que ainda não foram suficientemente estudadas e sistematizadas. É muito comum as pessoas só perceberem que foram hipnotizadas *a posteriori*, ou seja, pelos efeitos pós-hipnóticos. Por exemplo, algumas pessoas que afirmaram categoricamente não terem sido hipnotizadas começaram a dormir melhor, a se sentir menos angustiadas, a fumar menos, conforme o que foi ordenado pelo hipnotizador durante a indução hipnótica.

Por esse motivo, o fato de as crianças autistas apresentarem essa grande variação em seus quadros clínicos não invalida minha hipótese de que o autismo seja uma forma especial de hipnose — ao contrário, a confirma.

A grande vantagem da analogia que fiz é a de abrir uma nova porta, vislumbrar um novo caminho, diante da modéstia dos resultados de todos os métodos terapêuticos desenvolvidos para o tratamento não só do autismo, mas das psicoses da infância em geral.

Como já me referi anteriormente, estas crianças permanecem sem lugar no sistema educacional, sendo muitas vezes tratadas como deficientes mentais. Sua exclusão do sistema regular de ensino e da sociedade é apenas reflexo de uma política de confinamento da loucura em manicômios, embora já possamos contar com algumas poucas escolas que se preocupam com educação inclusiva, como é o caso do Colégio Eduardo Guimarães, no Rio de Janeiro.

No Brasil, a assistência psiquiátrica pública até os dias de hoje utiliza o asilo como seu elemento central, apesar da existência de movimentos, programas, documentos e leis que recomendam a reversão desse modelo. A assistência psiquiátrica infanto-juvenil participante do sistema de saúde vigente compartilha de suas distorções e reproduz o modelo assistencial destinado ao atendimento do adulto.

Historicamente, podemos verificar que desde os primeiros asilos fundados no Rio de Janeiro encontramos registro da existência de leitos psiquiátricos reservados para a internação de menores. Através da hospitalização prolongada, observamos a formação de uma jovem população de cronificados. Os documentos que explicitam políticas de saúde mental não contemplam o atendimento infanto-juvenil, ou quando o abordam, como no caso do relatório final da Primeira Conferência Nacional de Saúde Mental, realizada em 1986, as propostas e recomendações não são implementadas.

Nas instituições de saúde e em diversos órgãos que se dedicam ao cuidado do menor, a atenção psicológica, e eventualmente a psiquiátrica, entram em jogo de forma desarticulada, gerando graves distorções. A Legião Brasileira de Assistência, por exemplo, dedicando-se ao cuidado de deficientes sensoriais, físicos e mentais, inclui dentre as categorias que atende o grupo de "distúrbios de conduta". Sendo uma categoria diagnóstica abrangente e mal definida, ela vem gerando, na prática, tratamentos psiquiátricos desnecessários e indevidos em clínicas e escolas especiais contratadas do setor privado.

Por outro lado, a Política Nacional de Atendimento ao Menor vinha, através de seu órgão federal e dos seus desdobramentos estaduais, implementando a construção de internatos para a reclusão de menores abandonados e infratores. Nos últimos anos, a política de internação maciça dos menores carentes passou a ser considerada inadequada por não trazer soluções, além de ser economicamente inviável. Por tais motivos, desde 1987 experiências alternativas à internação passaram a ser incentivadas e implementadas.

Nesse confuso quadro institucional, aliado às condições de quase miserabilidade de grande parte da população e ao inadequado atendimento psiquiátrico e psicológico, deter-se na investigação do autismo pode parecer uma distorção.

O que venho destacar é que esse estudo pode lançar luz sobre questões que dizem respeito ao adoecimento de qualquer ser humano. Da mesma forma como as pesquisas acerca da paralisia cerebral revelaram os marcos da evolução psicomotora normal e criaram um novo campo do saber: a psicomotricidade, que hoje norteia a aprendizagem de crianças normais.

capítulo IV

A hipnose: um breve histórico

A história da medicina nos revela que todas as terapêuticas, por mais absurdas e paradoxais que possam nos parecer hoje, conseguiram influir favoravelmente, pelo menos durante algum tempo, sobre um certo número de pacientes. Algumas tiveram vida mais longa que outras, ou ainda maior abrangência, propagando-se de tal forma que passaram a fazer parte de determinadas culturas. Outras simplesmente desapareceram.

Não faz muito tempo, nossos avós foram curados por processos que inspiram desdém e ironia à nossa medicina contemporânea — essa medicina cuja prática e fundamentos serão tratados dentro de cinqüenta anos com o mesmo desdém e a mesma ironia. Serão relegados por ineficácia e até mesmo considerados nocivos.

É bem provável que a humanidade doente tenha sido curada pelo efeito da sugestão com muito mais freqüência do que supomos e do que a ciência possa admitir. Sempre que se verifica uma cura surpreendente, pode-se afirmar que a sugestão teve nela uma participação fundamental.

Por isso não surpreende — ao contrário, é lógico e natural — que o último remédio descoberto produza sempre os êxitos mais inesperados pois, exatamente por ser desconhecido, acumula no homem o grau máximo de esperança, fator indispensável em todos os casos. Ao contrário do que se afirma vulgarmente, a esperança não é a última que morre; ela é a primeira. Depois, morre todo o resto. O perigo reside, portanto, na contrapartida: qualquer decepção pode ser fatal, porque corrói a fantasia que dá sustentação a todas as expectativas de cura. Mas há também o outro lado da moeda: o desconhecido traz consigo o medo e a resistência que podem anular esse efeito tão precioso, e é difícil prever que lado terá mais peso. Vários alquimistas, hoje reconhecidos como precursores da química, foram levados à fogueira pela Santa Inquisição.

Como consta em toda a literatura a respeito dos primórdios da medicina do planeta, ela começou como culto, rito e magia, como uma espécie de reação do homem a uma provação divina. Naturalmente, eram os chefes religiosos os encarregados das curas. Aos males do corpo opunha-se não um tratamento técnico, mas um ato religioso. Não é difícil entender que quem pretendia o milagre da cura acreditava nos milagres; esta é a condição para que eles se realizem. Mas como nem sempre pode contar com essa crença absoluta, o homem foi levado a buscar outros recursos.

De qualquer forma, a medicina e a teologia formaram, em seu início, um só corpo de conhecimentos. A doença, portanto, não era entendida como algo que afetasse um órgão humano específico, mas sim algo que atingia o ser humano em sua totalidade.

Mesmo quando se rompeu essa unidade inicial, quando a medicina abandonou todo aparato religioso para estudar e explicar enfermidades dos órgãos humanos, não deixou de buscar explicações mágicas para esses fenômenos. Assim, aquele fenômeno global que era a "doença" se dividiu em inúmeras "doenças", que deveriam ser nomeadas, definidas, caracterizadas e ter suas manifestações catalogadas por grupos.

Cerca de 2.000 a.C., no Egito, numerosas perturbações femininas eram atribuídas a um estranho "animal" que as habitava, e que mais tarde passou a ter um nome: útero. Acreditava-se que, como um organismo vivo e dotado de certa autonomia, ele era capaz de se deslocar dentro do corpo. Para combater as migrações do útero (ou matriz, como era chamado) em direção à parte superior do corpo, a terapêutica consistia no seguinte: atrair o útero para baixo. Para isso as mulheres passavam perfumes agradáveis sobre a vulva e ao mesmo tempo inalavam odores desagradáveis pelo nariz; atraído pelo bom perfume e repelido pelo mau, o útero permanecia direitinho em seu lugar. Em toda a Antigüidade encontraremos esse esquema terapêutico de "sufocação da matriz".

É a Hipócrates (460-377 a.C.) que se atribui a paternidade de toda a medicina ocidental. O sábio de Coos, como era conhecido, recusava toda e qualquer explicação mitológica da vida e dos estados do homem, incluídas as doenças corporais e mentais. Isso significa que ele excluía a interferência divina sobre tais processos, mas suas idéias sobre a fisiologia e mesmo sobre a anatomia do organismo humano eram, em grande parte, supersticiosas e mágicas. Por exemplo, no conjunto de sua obra, a idéia do útero ou matriz como um "animal passeador" está presente, ao lado de um conjunto de pensamentos que pretendiam ser produto de uma observação objetiva e liberta de crenças. No tomo VII de suas *Obras completas*, Hipócrates consagra 250 páginas às "doenças das mulheres". Nelas encontra-se presente a idéia da "sufocação da matriz", que de alguma forma ele associava à sexualidade. Para ele, o problema residia no fato de que, na ausência do exercício sexual, a matriz se tornava ressecada, e portanto mais leve, deslocando-se com mais facilidade pelo interior do corpo feminino. Com isso, ela poderia jogar-se sobre o fígado e aderir a ele, ou ainda dirigir-se para os hipocôndrios. Vale a pena chamar a atenção sobre a conduta terapêutica indicada por Hipócrates nos casos graves:

> Se você encontrar a doente sem fala e com os dentes cerrados, faça o seguinte: embeba um pessário [instrumento que funcionava como supositório com o fim de manter o útero no lugar] em perfume branco egípcio, perfume de murta, baccharis ou manjerona. Em seguida, enrole o pessário de lã em torno de uma pluma e, com a ajuda de uma cânula, o introduza na vagina o mais profundamente possível.
>
> O pessário de lã deve permanecer no interior da paciente até que o útero retorne ao seu lugar. ... Caso a matriz volte a subir, o pessário deve ser recolocado no mesmo lugar. Sob as narinas da paciente deve-se fazer ao mesmo tempo uma fumegação com raspas de corno negro de cabra ou corno de cervo atiradas previamente sobre cinza quente para que se produza o máximo de fumaça. A mulher deve aspirar o odor o mais que puder.. Para a fumegação, entretanto, o mais recomendável é o óleo de foca. Deve-se esquentar o óleo sobre carvões. A mulher deve estar totalmente coberta, com exceção da cabeça. Derrama-se o óleo num recipiente pouco a pouco, à medida que a paciente aspira o máximo a cada inalação. Isso é o que se deve fazer quando a matriz se fixa no alto.

É difícil crer que assim tenha nascido toda a medicina ocidental. Hoje achamos delirante e mitológica a obra desse sábio de Coos a quem atribuímos a paternidade de todas as ciências médicas.

Apesar de todo seu esforço para se distanciar do mito, apesar de sua recusa do caráter sagrado da doença, Hipócrates parece ter criado um novo mito. No entanto, para sua época ele representou o fim da medicina sacerdotal e litúrgica. A doença deixou de ser um desígnio ou capricho dos deuses, para ser uma desordem de processos orgânicos que, regidos por leis, independem da razão e da vontade individual.

O adoecer, para Hipócrates, era o efeito de um desequilíbrio entre a natureza e o homem. A saúde seria o resultante de uma harmonia entre as condições ambientais e as funções orgânicas, e ainda destas últimas entre si. Ao contrário, o rompimento dessa continuidade equilibrada entre os dois sistemas (a natureza e o homem) constituiria a doença. Esse era o princípio fundamental — extremamente atual e sofisticado — de toda a medicina de Hipócrates. Mais do que uma nova terapêutica, ele oferecia uma nova visão, uma explicação para o adoecimento que supunha uma outra *causa*, não mais divina, mas física. Sendo orgânica, a doença tornava-se passível de controle. De vítima inerte do capricho dos deuses, o homem passava a ser, em parte, responsável pela sua saúde e seu bem-estar, já que devia buscar e manter o equilíbrio e a harmonia com a natureza. Desse modo, tornou-se possível pensar na prevenção das enfermidades, e Hipócrates fazia recomendações nesse sentido.

É importante salientar a modernidade dos princípios que nortearam sua obra, embora suas descrições clínicas e sua prática tenham sido esquecidas ou caído em desuso.

A psicose, como doença que é, estaria sujeita às mesmas leis às quais o corpo estava submetido. Os conflitos morais, passionais ou afetivos deveriam continuar sendo de natureza filosófica, poética ou religiosa. Era impensável qualquer forma de psicoterapia.

Convido agora o leitor a um salto no tempo, pois o objetivo deste capítulo não é o de historiar todas as práticas médicas. Teremos de avançar até o Renascimento para encontrar o início da medicina mental.

Dos três grandes magos da Renascença — Paracelso, Cornelius Agripa e Michael Nostradamus —, o único aceito e reconhecido pela comunidade científica da sua época foi Paracelso, que se mantém presente nos dias atuais. São atribuídas a ele descobertas e práticas tais como os métodos de assepsia, a utilização de metais (como ferro, chumbo, cobre e mercúrio) na composição de medicamentos e a invenção do comprimido (que fazia usando miolo de pão como invólucro), além do princípio da homeopatia e da intervenção de fatores psíquicos no processo de recuperação dos pacientes.

Paracelso-Philippus Aureolus Theophrastus Bombastus Von Hohenheim (1493-1541) nasceu em Einsiedeln, Suíça, e morreu aos 48 anos por envenenamento. Até hoje há controvérsias sobre sua morte, pois ele não parecia ser um homem capaz de cometer suicídio.

Brilhante, temperamental e alcoólatra, declarava ter aprendido mais na companhia dos marginais do que nas diversas academias que freqüentou. Por isso recomendava aos jovens médicos que conversassem com feiticeiros, ciganos, prostitutas, ladrões, parteiras, no sentido de adquirirem um conhecimento muito valioso que as universidades não ofereciam.

Paracelso criou cinco grandes teorias médicas regidas por diferentes princípios e com terapêuticas diferenciadas, como por exemplo sua medicina natural, cuja premissa era a de suprir o organismo com o que lhe faltasse para recuperar seu equilíbrio interno. Sua medicina homeopática baseava-se no princípio de que "aquilo que adoece o homem é também aquilo que o cura", e portanto a terapêutica consistia em combater a doença com os elementos da própria doença. Nesse sentido, oferecia a seus pacientes um comprimido feito com miolo de pão no qual ele introduzia com uma agulha partículas minúsculas das secreções dos próprios pacientes.

Suas teorias nem sempre concordavam entre si. Mas ele não parecia se importar com as contradições presentes em sua própria obra e recomendava em sua *Opera omnia* que os médicos escolhessem uma que fosse de seu agrado e que a seguissem rigorosamente, pois funcionaria.

Embora tenha se dedicado ao estudo da imaginação, atribuindo-lhe poder curativo e postulando o princípio da sugestão ("o homem é o que ele imagina ser"), foi provavelmente a sua teoria do magnetismo sideral que, duzentos anos mais tarde, veio a ser a fonte de inspiração e o suporte da teoria do magnetismo animal de Franz

Anton Mesmer. A teoria do magnetismo sideral é, portanto, a que nos interessa no momento. Ela nos conduzirá numa mesma linha de pensamento a Mesmer, Braid, Charcot e Freud.

Dedicado ao estudo e à utilização dos metais na composição de medicamentos, Paracelso daria particular atenção ao que então era considerado um deles: o ímã. Esse metal manifestava uma condição ativa, uma espécie de vontade própria que o distinguia dos demais. O ímã atrai o ferro inerte. Paracelso atribuía essa espécie de força vital do ímã às reminiscências de sua origem meteórica no seio da Terra.

Ora, se o ímã era capaz de atrair resíduos de ferro, deveria também ser capaz de atrair outros elementos e, quem sabe, os causadores de certas enfermidades, desalojando-os do corpo humano. Sustentava que o ímã possui um ventre (pólo atrativo ou positivo) e uma espádua (pólo refrator ou negativo) e que, devidamente aplicado, poderia projetar sua força através do corpo. Esse sistema de tratamento é, na realidade, precursor da eletroterapia, que ainda levaria tanto tempo para ser descoberta. Foi essa força sidérea do ímã que permitiu a Paracelso a construção de sua teoria do magnetismo sideral, afirmando que uma espécie de força vital agiria sobre todo o cosmos, o homem inclusive, e que estaria condensada nesse metal, que ele chamava de "monarca dos mistérios".

Em sua *Opera omnia* Paracelso alertava para o fato de que os astros, se não eram capazes de influenciar o destino do homem, certamente afetavam sua condição física, já que tudo se relacionava na perspectiva do magnetismo sideral. Seu alerta parece não ter sido bem compreendido, e são atribuídas a ele explicações astrológicas e mágicas que jamais proferiu, como acontece com inúmeros autores.

Embora haja controvérsias até hoje, é bastante provável que a teoria do magnetismo sideral de Paracelso tenha sido a fonte de inspiração privilegiada para a elaboração da teoria do magnetismo animal, de Franz Anton Mesmer.

Entre 1773 e 1774, Mesmer começou a utilizar ímãs nos tratamentos de seus pacientes, a partir de sua primeira experiência com a srta. Äusterlin, uma jovem de 28 anos. Havia dois anos que ela apresentava crises convulsivas acompanhadas de febre, vômitos, delírio melancólico e maníaco, além de crises de rigidez, cegueira, sufocação e paralisia.

Percebendo a periodicidade das crises, às quais atribuiu um caráter "astronômico", Mesmer procurou modificar seu curso: "Eu planejei estabelecer em seu corpo uma espécie de maré artificial com a ajuda do ímã e de forma a reproduzir artificialmente as revoluções periódicas do fluxo e do refluxo", afirmou em *O segredo de um magnetizador*.

A partir dessa interpretação dos fenômenos, Mesmer construiu uma cena de grande teatralidade, com fins terapêuticos. Após ter medicado a paciente com infusões à base de ferro, ele prendeu um ímã em cada pé dela e um outro, em forma de coração, sobre o peito. Imediatamente ela experimentou uma dor abrasadora e dilacerante que percorreu todo o corpo seguindo os eixos das peças imantadas. Tanto a paciente como os que assistiam a esse terrível espetáculo horrorizaram-se e, apesar da reação da assistência, Mesmer não hesitou em acrescentar mais dois outros ímãs aos pés da srta. Äusterlin. De repente, ela "sentiu descer com impetuosidade as dores que atormentavam as partes superiores do seu corpo. Pouco a pouco, todos os sintomas desapareceram e a senhorita Äusterlin passou a viver uma vida saudável e normal."

Mesmer atribuía aos ímãs o potencial curativo da ação terapêutica. Se assim fosse, a eletroconvulsoterapia (hoje completamente em desuso) obteria efeitos similares.

Aos poucos, o próprio Mesmer começou a perceber que podia prescindir dos ímãs para obter a cura, pois sua própria presença e suas palavras obtinham o mesmo efeito. Passou então a atribuir ao seu magnetismo pessoal o poder de cura.

O grande obstáculo para Mesmer no prosseguimento de suas investigações foi colocado pela comunidade científica de seu tempo. Sem outra teoria contemporânea que pudesse dar sustentação a suas idéias e ao empiricismo delas, Mesmer tornou-se muito vulnerável politicamente. Sua teoria teria como fonte de inspiração a "bruxaria" da Renascença.

Sabemos hoje que o que Mesmer e outros praticavam era simplesmente a sugestão hipnótica, mas os efeitos produzidos eram semelhantes aos obtidos com a magia. Conseqüentemente, colegas invejosos condenavam os métodos de Mesmer, atribuindo-lhe um vínculo satânico. O resultado terapêutico positivo não contava para eles. Curava-se, mas a cura se dava pela mão do diabo. Logo, condene-se! Paradoxalmente, essa retomada da "caça às bruxas" ocorria em pleno século XVIII, o século do Iluminismo. Tivesse Freud empregado o "magnetismo da persuasão" um século antes, sua teoria da psicanálise não teria vingado.

É interessante notar também que o modelo terapêutico de Mesmer encontrava forte inspiração nas práticas de exorcismo, provavelmente aprendidas com o padre Gassner, que o ensinou a utilizar os ímãs terapeuticamente. No entanto, fora do contexto religioso, a mesma prática parecia demoníaca.

Mesmer empregava seu método na terapêutica de qualquer doença, indiscriminadamente, sem nenhuma preocupação diagnóstica ou classificatória. O que importava era produzir a crise no sujeito enfermo que — acreditava ele — a partir daí curava-se por si mesmo. Há inúmeros registros de curas realizadas por Mesmer, mas sua teoria não se enquadrava na linguagem acadêmica de seu tempo.

Suas idéias foram difundidas por dois de seus discípulos, os irmãos Puységur. Posteriormente, um aluno do marquês de Puységur, Charles Poyen, levou o magnetismo animal para os Estados Unidos. Uma demonstração pública em Maine em 1836, convenceu Phineas Quimby do valor da cura mental. Suas investigações o levaram a utilizar poderes exclusivamente mentais.

Em 1862, Quimby conheceu uma professora de 40 anos de idade que havia transformado sua fé em dólares e suas demonstrações em culto. Mary Baker Eddy, curada que fora pelo marido de diversos sintomas histéricos, empenhou-se em um movimento chamado Ciência Cristã, que abrangia a fé e a cura, sustentando que a ilusão é uma doença e que a crença no Senhor destrói essa ilusão. Mary Baker Eddy foi profundamente influenciada por Quimby, que, porém, jamais deixou-se influenciar pelo aspecto religioso das curas provocadas através de sugestão e homeopatia por ele mesmo.

A prática da Ciência Cristã desenvolveu-se principalmente a partir de 1886, pouco após a morte de Quimby, e continuou fazendo progressos e atraindo milhares e milhares de adeptos através do final do século XIX e por todo o século XX. Hoje ainda apresenta paradoxal sincronia com os espetaculares avanços da ciência médica e é uma das mais importantes seitas protestantes, principalmente nos Estados Unidos.

A difusão de tal movimento, julgado pela ordem vigente como irracional, vem testemunhar, mais uma vez, o arraigado desejo de magia e fé que existe no homem. Esse desejo advém de um impulso algo irracional no qual as partes envolvidas conjugam uma vontade única emitida de um *outro* lugar. Esse é o poder da sugestão.

Está aí constituída a mente de grupo (ou mente massificada) de Le Bon, que opera segundo a sugestão convincente e "hipnotizadora" de um líder (ou de uma idéia).

Outros seguidores do marquês de Puységur foram ativos na Inglaterra e Alemanha. Na Inglaterra, John Elliotson (1791-1868), conhecido por ter sido um dos pioneiros no uso do estetoscópio, liderou um movimento de cura que propunha uma combinação das técnicas de frenologia e do magnetismo animal. Elliotson empregou pela primeira vez o mesmerismo para diminuir a dor durante cirurgias e, devido a essa "prática radical", foi demitido da presidência da Real Sociedade Médica e Cirúrgica.

Na Índia, com o emprego do mesmerismo, James Esdaile (1808-1859) executou mais de duzentas operações sem dor em prisioneiros nativos. O interesse por essa prática diminuiu com o emprego de gases autísticos na década de 1840; entretanto, os médicos já começavam a perceber que o mesmerismo não era uma fraude ou mera imaginação.

Em 1843, James Braid publicou um artigo, "Neurypnology or the rationale of the nervous system", onde sustentava que não havia nada de mágico nos estados de transe; estes eram causados pelo excessivo relaxamento muscular depois de prolongado período de concentração e conseqüente esgotamento físico. Braid não explicava bem o que era o transe, mas conseguia dissipar um pouco a atmosfera de charlatanismo que havia sido gerada em torno do mesmerismo. O mesmerismo tornara-se neuripnose. A seguir, Braid o relacionou com o estado de sono e mudou seu nome para hipnose. Estava criado um termo tranqüilizadoramente científico. Como um batismo redentor, Satanás foi expulso e o conceito, abençoado. Estava quase concluído o caminho que seria trilhado por Freud sem o risco de ser excomungado pela catedral da ciência.

Na medida em que avançava o século XIX, na mesma Salpêtrière, instituição onde Pinel tirara as correntes dos internos, a hipnose tornou-se uma disciplina séria de investigação científica sob a influência e credencial de Jean Charcot. A maneira como Charcot veio a se aproximar do hipnotismo é controvertida.

Jean Martin Charcot (1825-1893), neurologista, nasceu em Paris e teve toda sua carreira de clínico, pesquisador e docente desenvolvida no hospital de Salpêtrière. Foi aí que começou seu trabalho de diferenciação entre a histeria e a epilepsia (semiologia diferencial).

Em 1870 foi encarregado de uma sala especial que a administração do hospital reservava para um número bastante elevado de enfermas acometidas por convulsões. Algumas eram histéricas e outras apenas pacientes que, para Charcot, tinham aprendido a imitar as crises epiléticas, graças às suas tendências miméticas. Para ele, histeria e epilepsia eram como ímãs, e nos dois casos se poderia sustentar que as perturbações funcionais de origem cerebral se espalhavam por simpatia por todo o organismo.

Em 1876, Charcot foi nomeado para compor uma comissão que tinha como objetivo pôr à prova "os fatos metaloscópicos" descobertos por Burg, de forte inspiração mesmérica. Burg trabalhava em seu setor no hospital e experimentava seu método com as histéricas. O método consistia na aplicação de cataplasmas metálicos de sua concepção — armaduras, broches e medalhas — no corpo das pacientes. De início Charcot permaneceu cético; não acreditava na ação terapêutica dos metais. Mas os primeiros resultados foram, para ele, absolutamente convincentes: a aplicação metálica fazia desaparecer as manifestações histéricas, quaisquer que elas fossem. A pedido do próprio Charcot, o método de Burg passou a ser experimentado com pacientes atingidos por lesões cerebrais, com resultados encorajadores. Infelizmente para Burg, a comissão construiu a hipótese de que a ação curativa das aplicações metálicas estaria relacionada a ações elétricas determinadas pelo contato do metal com a superfície cutânea. Com esta hipótese e com a ajuda de um galvanômetro, o método de Burg foi substituído pela eletroterapia que deveria obter os mesmos efeitos, com a vantagem de ser mais manejável.

Ao invés de se desinteressar pelo mesmerismo, agora substituído pelo método elétrico, Charcot iniciou suas investigações sobre o emprego da hipnose. Ele conseguia, empregando transes hipnóticos, fazer e desfazer sintomas em alguns de seus pacientes histéricos.

Embora, sustentasse que a histeria era causada por uma "fraqueza básica" no sistema nervoso, ainda assim demonstrou que os sintomas histéricos de paralisia, tremores e analgesias podiam ser produzidos e eliminados por técnicas psicológicas. Para ele, a hipnose era uma histeria artificial.

Até então, o que mais me interessava no estudo da hipnose, era sua capacidade, não só de eliminar a dor (analgesia), como a de insensibilizar as partes do corpo ou seu todo (anestesia), como se não existissem.

Paralelamente, em Nancy, na França, Ambrose Liébeault e Hyppolite Bernheim realizavam experiências utilizando a hipnose. O primeiro ponto de divergência entre eles e Charcot era acerca do caráter e da natureza do fenômeno hipnótico. Enquanto para a escola de Nancy, a hipnose era considerada um fenômeno puramente psicológico, para a Escola de Salpêtrière, era um fenômeno psíquico mas que envolvia mecanismos neurofisiológicos.

As duas escolas divergiam ainda sobre o uso do método hipnótico. Charcot não acreditava no êxito terapêutico do método, embora o considerasse um excelente instrumento de investigação e pesquisa. Já Bernheim demonstrava a eficiência da sugestão pós-hipnótica, dando ordens a seus pacientes hipnotizados para serem executadas depois que despertassem.

Quando foi a Paris em 1885, Freud já tinha verificado que os métodos de tratamento convencionais — particularmente a eletroterapia de ERB — mostravam-se pouco eficazes em seus pacientes, a maioria neuróticos. Por outro lado, preparava-se para encontrar Charcot, o mais importante neurologista da época.

Charcot considerava seriamente os sintomas histéricos como verdadeiros, apesar da prática habitual que consistia em interpretá-los como meramente "imaginários". Freud observou criteriosamente os sintomas histéricos, passando a aceitar a evidência de que eles também se manifestavam em homens, o que contrariava a idéia tradicional de ser essa doença exclusivamente feminina, conforme informava sua própria denominação. A palavra *histérica* vem do grego *híster* que, por sua vez, quer dizer útero.

Quando Freud retornou a Viena em fins de fevereiro de 1886, após sua estadia em Paris, na Salpêtrière, tornou-se um militante das idéias de Charcot sobre hipnose e sua relação com a histeria. Essas idéias só irão encontrar eco na pessoa de seu colega mais velho, o dr. Joseph Breuer, com quem manteve uma estreita relação profissional e de amizade por dez anos aproximadamente.

Como já me referi anteriormente, o primeiro contato de Freud com a hipnose se dera quatro anos antes de sua viagem a Paris, quando Breuer lhe contara suas observações clínicas acerca de Anna O. Não fosse por sua associação com Freud, o caso de Anna O. teria permanecido um episódio isolado na prática de Breuer e seu método catártico provavelmente não teria tido a repercussão e influência que tem até hoje entre os que utilizam a hipnose.

Anna O. apresentava os sintomas clássicos da histeria: paralisia dos membros, anestesias parciais, perturbações da visão e da fala. Esses sintomas haviam surgido pela primeira vez quando tratava de seu pai enfermo.

Breuer observava que, numa ocasião a moça, ao provocar uma hipnose espontânea em si própria, relatou com pormenores as circunstâncias que envolviam o desenvolvimento de seus sintomas. Breuer passou a tratá-la com sessões regulares de hipnose, encorajando-a a falar, sob transe, das experiências que coincidiam com seus sintomas — técnica que a própria paciente chamou de cura falante. A memória evocada era acompanhada de violenta expressão emocional (ab-reação), à qual se seguia o desaparecimento dos sintomas correspondentes.

A partir disso Breuer construiu seu método catártico e sua teoria da conversão, cujo princípio fundamental estabelecia que os sintomas dos histéricos estavam relacionados ao que ele chamava de trauma — cenas impressionantes de suas vidas que, no entanto, permaneciam superficialmente escondidas. O trauma não era, portanto, uma lembrança, mas sim aquilo que esta encobria.

O método catártico, a terapêutica baseada nesse princípio, consistia em fazer o paciente se recordar das cenas traumáticas e reproduzi-las sob hipnose. Em síntese: o trauma era uma cena. Ao reproduzir a cena dolorosa sob hipnose, o sujeito liberava o afeto reprimido (catarse) a ela associado. Uma vez liberado o afeto, os sintomas desapareciam!

Para Breuer isso evidenciava que, na histeria, um sofrimento psíquico convertia-se em sintoma físico e que este sofrimento, podendo encontrar outra saída, a catarse, fazia desaparecer o quadro sintomático. Mais ainda, isso só era possível através do uso da hipnose.

O horror e o estranhamento que o uso desse método causava à comunidade científica da época, embora atenuado, não desapareceu nos dias de hoje. Cem anos depois, a hipnose ainda se encontra impregnada de magia e é objeto de repulsa por parte da Academia e do pensamento científico.

Convido agora o leitor a acompanhar um raciocínio que será muito importante para o entendimento das ilações que fiz.

Imagine ir ao dentista e se submeter a uma anestesia local, injetável. Como o leitor sabe que será anestesiado, sabe também que uma parte de sua boca ficará insensibilizada, como se a tivesse perdido. Sabemos que essa sensação de perda é provisória e que, ao passar o efeito do anestésico, recuperará completamente a sensibilidade da área. Sabe também que, por recomendação do próprio dentista, deverá evitar alimentação sólida por um tempo, para não correr o risco de provocar mutilações, lesões na língua ou nos lábios principalmente. Pode-se literalmente "morder a língua" sem sentir.

Agora suponhamos que esse processo de insensibilização se desse sem o conhecimento do sujeito. Ele simplesmente viveria a perda, não da sensibilidade, mas dos órgãos anestesiados em si.

É, portanto, a consciência da *causa* que dá referências ao sujeito — de que ele não perdeu a sua língua ou seus lábios, mas apenas a sensibilidade da língua e dos lábios.

Ora, para a psiquiatria clássica, uma das principais características diferenciais entre um surto psicótico e uma crise histérica é que no primeiro não há nenhum motivo aparente que justifique o desencadeamento do surto. Já a crise histérica, na maioria das vezes, vem justificada pelo próprio sujeito: perdas, lutos etc., embora haja exceções nessa regra.

Na maior parte dos surtos psicóticos nos deparamos com essa sensação de perda de órgãos ou de parte deles. É bastante conhecida, tanto pela psiquiatria como pela psicanálise, a referência ao corpo despedaçado ou esfacelado — *corps morcelé* —, bem como do "corpo roubado". A idéia de que o surto psicótico fosse uma forma de hipnose espontânea e sem a consciência do sujeito começava a tomar forma. No caso, na psicose, o sujeito entraria em transe hipnótico quase automaticamente, e a anestesia (provocada pela hipnose) de algumas partes do corpo do seu todo seria interpretada pelo próprio sujeito, de acordo com sua produção delirante. Na ausência de produção delirante, o sujeito se manteria na angústia da perda inexplicável de partes de seu corpo e até da sua ausência mesmo. O estudo da hipnose começou a se impor naturalmente como um campo fértil e necessário ao conhecimento da psicose.

O termo hipnose se mostra cada vez mais inadequado e confuso. Em primeiro lugar, porque traz consigo a expectativa de sono, o que não é verdade. Hoje sabemos que o estado hipnótico não é igual ao sono fisiológico, pois a hipnose não ativa o sistema hipnogênico do tronco cerebral e a pessoa pode estar hipnotizada e manter preservada parte de sua consciência de vigília a ponto de sustentar um diálogo com o hipnotizador. A dissociação, a suspensão de partes da atividade consciente e o aguçamento de outras são características dos estados hipnóticos, que apresentam manifestações diversas, dependendo do sujeito que é hipnotizado, de sua relação com o hipnotizador e das condições psíquicas em que se encontra no momento em que é submetido à indução hipnótica.

O EEG (eletroencefalograma) do sujeito hipnotizado é semelhante ao da vigília relaxada — ritmo alfa, com freqüência entre 8 e 13 ciclos por segundo. Os reflexos neurológicos encontrados no indivíduo que dorme não são encontrados no sujeito hipnotizado. O estado hipnótico, contudo, apresenta dissociação, sugestionabilidade e hipermenésia (aumento da memória) possibilitando interação com a vida interior (subjetividade) do indivíduo.

Em segundo lugar porque temos utilizado o mesmo termo para designar tanto o método quanto o fenômeno, e isso pode causar a impressão de que existem somente um método e um fenômeno hipnótico. Na verdade, existem hoje inúmeros métodos, técnicas e concepções que dizem respeito à hipnose. Da mesma forma, existem inúmeros fenômenos já observados sob hipnose e que ainda não foram sistematizados e nomeados com propriedade. Além dos fenômenos já comprovados cientificamente — analgesia, anestesia hipnótica, efeitos da sugestão sobre a capacidade de memorização, produção de alucinações e percepções delirantes —, existem vários outros fenômenos que se manifestam ocasionalmente e que ainda estão sendo estudados. Hoje já sabemos que há um envolvimento neurofisiológico no fenômeno hipnótico, mas suas características ainda não foram bem delineadas.

A definição neurofisiológica do fenômeno hipnótico de que dispomos é a de que "a hipnose é um estado de passividade cerebral produzida por um estímulo débil, monótono, repetido e persistente. O paciente restringe ao estímulo o foco de sua atenção e conseqüentemente inibe a sua consciência périférica. Se o indivíduo for receptivo e entregar-se ao procedimento, mais cedo ou mais tarde será hipnotizado; caso contrário nada sucederá." Se não impossível, é pelo menos extremamente difícil hipnotizar alguém que não queira ser hipnotizado.

O termo "hipnose", como já foi dito, foi cunhado por James Braid, em 1843, mas a primeira interpretação neurofisiológica foi a de Pavlov. Para ele, seria um fenômeno análogo ao sono, um sono parcial produzido pela irradiação progressiva de uma inibição, seria resultante de um foco excitatório produzido no córtex cerebral, foco esse que seria o estímulo hipnótico. Dessa forma, o fenômeno hipnótico consistiria na inibição das atividades de certas áreas corticais periféricas, que, com isso, liberariam atividades de outras regiões, no caso as subcorticais. Resumindo, a hipnose seria a censura da censura, ou ainda, o censor do censor. De certa forma, a neurofisiologia estaria oferecendo uma base física ao modelo psicanalítico do funcionamento do inconsciente.

Mas infelizmente as coisas não se resolvem assim tão facilmente. Sabemos hoje que essa irradiação inibitória do córtex não existe. Toda inibição nervosa deve-se pelo menos a dois focos excitados; um hipervaloriza nas células locais potenciais pós-sinápticos inibitórios, e torna-se refratário à propagação de estímulos nervosos provenientes do outro foco excitado, potenciais pós-sinápticos excitatórios. Já na época de Pavlov isso começava a ser demonstrado, e foi posteriormente comprovado pela técnica de microeletrodos.

Pavlov condicionava a atividade nervosa superior ao córtex cerebral, exclusivamente. Assim, consciência, sono, vigília, hipnose e reflexos condicionados seriam fenômenos próprios do córtex cerebral, segundo uma dinâmica de excitações e inibições. Ele não estava de todo errado, e acreditava ter a prova do que afirmava na demonstração da perda dos reflexos condicionados e na capacidade de condicionamento *in vivo*, como no cão descorticado de Goltz.

Ora, acontece que o cão de Goltz tinha seu ciclo vigília/sono conservado, e também integrava as expressões somáticas e vegetativas dos estados emocionais. Desse modo, embora o córtex cerebral seja necessário para a atividade nervosa superior, ele não é necessário para o estabelecimento do ciclo vigília/sono, e isso implica, mais uma vez, a inexistência de irradiação inibitória cortical. Esse fenômeno também foi demonstrado em cães descorticados; e observou-se também que rãs, pássaros e mamíferos descorticados não deixavam de apresentar a reação de hipnose animal ou seja, a imobilidade cataléptica de um animal após ser imobilizado em uma postura antinatural.

A teoria da irradiação cortical continuou até a década de 1960, e até hoje é adotada por alguns hipnologistas.

A hipnose médica foi objeto de muito interesse e investimento por parte dos soviéticos, principalmente durante o governo de Stalin. O Congresso Pavloviano de Moscou de 1950 trouxe grandes contribuições de Pavlov à medicina, tais como a sonoterapia, o parto sem dor e a psicoterapia racional.

A definição de hipnose mais recente de que dispomos é a de Leon Chertok. Psicanalista, foi a clínica das psicoses que o conduziu ao estudo da hipnose. Em seu trabalho apresentado no Colóquio de Cerisy em 1972 ele nos informa como essa virada se deu. Foi em 1949, quando fazia sua análise didática com Jacques Lacan e ao mesmo tempo trabalhava no hospital psiquiátrico de Villejuif. Nessa época, recebeu uma paciente, a quem chamou de Madeleine em seu relato. Era uma mulher de 34 anos, casada, que afirmava ser solteira e ter 22 anos. Doze anos de sua vida tinham sido completamente apagados de sua memória. Ocorreu a Chertok então, usar a técnica da hipnose tal como a tinha observado em Viena e tal como utilizada por um de seus professores. Conforme o relato sob hipnose e a partir das perguntas que ele lhe fazia, a paciente pôde reconstituir sua história nesses doze anos, preservando-a após o despertar. Foi a partir desse caso clínico e das questões impostas por ele que Chertok passou a se dedicar ao estudo da hipnose.

Esse relato impressionou-me particularmente. Trouxe-me à lembrança o caso da minha paciente do hospital psiquiátrico de Jurujuba a quem chamei Maria. Tal como Madeleine, Maria também parecia ter despertado de um estado hipnótico.

Somente em 1989, ou seja, cinqüenta anos após o episódio, Chertok publicou sua definição dos estados hipnóticos, em seu trabalho: *Hipnose: teoria, prática e técnica.* Vale a pena transcrever:

> Trata-se de um quarto estado do organismo, atualmente não objetivável (ao contrário dos outros três: vigília, sono e sonho); uma espécie de potencialidade natural, de dispositivo inato que tem suas raízes na hipnose animal. Caracteriza-se por traços que remetem aparentemente às relações pré-lingüísticas de vinculação da criança e produz-se em situações nas quais o indivíduo tem perturbadas suas relações com o meio.

Fiz questão de citar esta definição porque ela me deu suporte para elaborar as primeiras construções teóricas. A idéia de que os fenômenos hipnóticos tenham origem em algum dispositivo inato, em alguma potencialidade natural, permitiu-me pensar que *todo ser de nossa espécie nasce nesse estado, do qual deve despertar quando e da forma que lhe for possível.* No caso dos autistas, este despertar não pôde acontecer naturalmente. Permanecem imersos nesse "sono hipnótico", que na verdade não é um sono, como já observei anteriormente.

Provar cientificamente a hipótese de que esse autismo primitivo (comum a todos os seres humanos) seja estado hipnótico, uma forma particular de hipnose, é uma tarefa quase impossível, no momento.

Frances Tustin, considerada a maior autoridade na psicanálise de crianças autistas, foi a primeira autora a afirmar a existência de um autismo primitivo normal. Apoiando-se em Freud, jamais teve a preocupação de provar essa tese cientificamente. Na verdade, a contribuição e a originalidade de minha hipótese estão em afirmar que esse autismo primitivo normal é um *estado hipnótico.* Essa forma de hipnose se diferencia da indução hipnótica que já conhecemos. Em primeiro lugar, pelo fato de que uma se dá de forma inconsciente e a outra de forma consciente.

Para diferenciar essas formas achei que seria interessante dar-lhes nomes diversos para deixar claro que se trata de processos muito distintos. Em 1995, realizei um trabalho com Luís Alfredo Moutinho, que além de geólogo é um estudioso da topologia, particularmente a lacaniana. Nesse texto, que se encontra disponível na Internet sob o título "Psicose, linguagem e hipnose", procuramos desenvolver um novo conceito para nos referirmos a esse fenômeno hipnótico espontâneo e inconsciente: o conceito de *alotriose*.

Para os epicuristas da Grécia antiga, a exaltação do prazer (*hedone*) tinha como base os já reconhecidos impulsos instintivos e naturais do homem. Os estóicos utilizaram o mesmo ponto de partida em sua ética, acrescentando que o prazer não era primordial, mas aquilo que eles chamaram de *oikciosis* — ou seja, a autopreservação, autoconservação ou auto-apropriação. A noção oposta, o seu contrário, dialeticamente disposto, seria a alotriose (*allotriosis*) que significa auto-alienação, a perda de *is*.

Com o termo alotriose passamos a designar o fenômeno hipnótico não-induzido artificial e conscientemente. A alotriose é, portanto, uma hipnose espontânea, natural, parte da herança biológica (e psicogenética) que recebemos dos animais "inferiores" (não-falantes), após o salto evolutivo que produziu o ser falante. A alotriose é um fenômeno que institui uma nova ordem. É um fenômeno relacional por excelência, já que tem origem na relação mãe-bebê (criador-criatura) e tem como função a criação de um novo sujeito, o bebê, a partir de um outro, a mãe.

Hipnose seria portanto um fac-símile, uma revivescência do fenômeno original do nascimento, no qual o hipnotizador assume a posição materna para induzir o hipnotizado ao mesmo estado de alienação em que veio ao mundo. Enquanto a hipnose é dirigida pelo hipnotizador, um agente externo, a alotriose é governada por um agente interno (um *outro* interno), i.e. que faz parte do hipnotizado, que é também ele, tal qual no momento da separação primeva, quando mãe e bebê constituem um só corpo.

capítulo V

O autismo e a hipnose: um novo modelo clínico para o tratamento do autismo

Esta é a parte mais difícil deste trabalho, porque se refere a uma prática viva, que se encontra em permanente reformulação e transformação.

Não tenho a intenção de historiar a psicanálise do autismo, pois isso exigiria definições e conceituações que não caberiam neste livro. Não tenho intenção também de descrever os impasses e construções teóricas que me levaram ao modelo que venho utilizando há alguns anos e que tem se revelado melhor em todos os sentidos.

Melhor porque mais adequado, mais eficiente e mais econômico, pois os efeitos são visíveis em menos tempo. É melhor principalmente porque tanto as crianças como suas mães parecem preferi-lo ao modelo psicanalítico tal como foi constituído para a terapêutica das neuroses.

Pretendo apenas traçar as linhas gerais do pensamento que me conduziu às transformações no método que eu utilizava, e apresentar as coordenadas que compõem esse novo modelo clínico.

A psicanálise é um tratamento "de falar" criado por Freud e destinado à terapêutica das neuroses. Não é uma conversa qualquer que se tenha com amigos, por mais íntima que ela possa ser. Isso, é claro, não anula o fato de que, muitas vezes, as conversas com amigos tenham visível efeito terapêutico. É absolutamente lícito afirmar, com base no autor do método, que o analista não faz outra coisa senão estabelecer um diálogo com seu paciente. Não usa instrumento algum, nem sequer para examinar, nem indica medicamento. O analista recebe o paciente numa hora determinada, deixa-o falar, escuta-o, fala-lhe por sua vez e procura fazer com que ele o escute.

Ao paciente é comunicada uma regra fundamental: a da livre associação, ou seja, a de que ele tente permitir que suas palavras possam fluir sem censura e que ele exprima todos os pensamentos que lhe vierem à mente, por mais absurdos e dolorosos que possam parecer. É essa a lei que vai assegurar o tratamento analítico.

Portanto, temos como premissa fundamental que o método psicanalítico se destina a sujeitos falantes, que façam uso do mesmo código lingüístico que o analista. Se essa condição não for satisfeita, todo o processo analítico estará comprometido. No entanto, essa premissa perde a validade quando se trata de crianças autistas. Como pretender usar o mesmo método com sujeitos que, quando falam, são estrangeiros em sua própria língua?

O autismo não é um tipo especial de neurose. Não é uma neurose mais grave nem mais profunda, da mesma forma que a psicose. A experiência clínica tem nos mostrado que não podemos interpretar a linguagem usada pelos autistas no modelo psicanalítico convencional.

O método tradicional, nesses casos, tem se revelado não só inadequado como um suplício para ambas as partes: sujeito e analista. De um modo geral, as mães das crianças autistas têm manifestado uma aversão quase fóbica ao tratamento psicanalítico convencional. Acusá-las de intolerância é uma atitude tão inócua quanto injusta. Hoje estou absolutamente convencida de que essas mães são tão vítimas desse acidente quanto seus filhos; não há por que acusá-las, principalmente quando não sabemos nada acerca da natureza desse acidente.

A idéia de que essas crianças são autistas porque não foram desejadas já caiu por terra há muito tempo. Em vinte e três anos de trabalho na clínica psicanalítica de crianças pude observar que, se assim fosse, aproximadamente 50% delas seriam autistas. Ainda hoje, apesar dos métodos contraceptivos à disposição das mulheres e dos homens, inúmeros bebês são concebidos sem o desejo da mãe ou do pai pelos motivos mais diversos. É fácil observar que os filhos indesejados têm os destinos mais diversos, não necessariamente o autismo. E por outro lado, podemos constatar que algumas crianças autistas foram extremamente desejadas.

É claro que estamos falando de desejo consciente e expresso, e que para a psicanálise o que importa é o desejo inconsciente, que só pode emergir no processo analítico. Portanto, a psicanálise só poderia assumir o pressuposto do não-desejo inconsciente da mãe apoiada na clínica psicanalítica dessas mães. E não é esse o caso.

O que importa no momento é o seguinte: a conclusão a que cheguei *está* fundamentada no tratamento dessas crianças. Não há uma relação de causa e efeito entre o desejo materno — de ter um filho ou de não tê-lo — e o autismo. Não é falta de desejo, a ausência de registro do desejo (forclusão, termo cunhado por Lacan) ou ainda excesso de desejo que intervêm nesse acidente, mas algo que acontece com a mãe no puerpério, em torno do parto, algo que a impossibilita de separar-se psiquicamente daquele filho, mantendo com ele uma relação de natureza hipnótica e que passei a chamar de alotriótica.

Portanto, por alotriose estou designando a hipnose espontânea e universal, aquele estado de alienação e fusão em que a mãe e o bebê vivem para depois se separar. No caso dos autistas, essa fusão não se dissolveria e a criança seria mantida nesse estado.

A psicanálise do autismo tem sido capaz de levantar problemas e situá-los, mas temos de reconhecer a modéstia dos resultados obtidos. Desde que comecei a tratar crianças autistas e psicóticas, em 1977, já percebia a insuficiência ou inadequação do método psicanalítico na terapêutica desses casos.

No início, atribuía à minha inexperiência a impossibilidade de estabelecer qualquer comunicação, qualquer aliança terapêutica com essas crianças. A impressão que me davam era a de que realmente não queriam se tratar. O que posso perceber agora é que elas não suportam ser tratadas dessa forma; o fato de terem que permanecer com o analista fechadas dentro de uma sala já é, em si, motivo de angústia para elas, da mesma forma que para suas mães; uma angústia insuportável e improdutiva que só as conduz à agressão, ao descontrole, ou ainda a um isolamento maior. Suas mães parecem sentir o mesmo.

Foi assim que ocorreu-me trabalhar com a porta do consultório aberta, pois percebi casualmente que isso os deixava — mães e filhos — menos aflitos. Eu os aguardava dentro da sala, e eles entravam e saíam várias vezes, até que, em algum momento, eles conseguiam me suportar. O termo "suportar" pode parecer forte para quem não tenha conhecido ou se relacionado com uma criança autista. Isso também vale para crianças psicóticas. É difícil dimensionar o medo terrível, o horror que essas crianças apresentam diante de qualquer situação em que se imponha uma relação humana.

Outro fato que também chamava a minha atenção era que essas crianças, autistas e psicóticas, preferiam estar junto à minha secretária, que ficava na recepção, diante de uma máquina de escrever, e que, às vezes, lhes dirigia um sorriso ou uma palavra amável. Nelly foi secretária de nossa clínica em Santa Rosa durante muitos anos. Gostava de crianças mas, como estava sempre muito ocupada, não lhes dava muita atenção, nem as solicitava. Percebi então que por isso mesmo ela não lhes parecia ameaçadora. Estava envolvida com outras coisas e não mantinha o foco de sua atenção sobre elas. Comecei a imitar, literalmente, o comportamento de Nelly para receber crianças autistas e psicóticas.

Procurava me ocupar com alguma coisa, um livro, uma revista, permanecendo sentada em minha poltrona. Isso facilitou meu trabalho durante muitos anos mas impediu-me de perceber o mais importante: eu estava tratando apenas uma parte de uma unidade. A outra ficava do lado de fora, na sala de espera: a mãe.

Mesmo com a supervisão clínica dos drs. José Ottoni Outeiral, Cláudia Fernandes e Ruy Annes, que orientavam minha conduta clínica e indicavam textos para leitura e estudo, eu me sentia muito desamparada para o atendimento desses casos. O desamparo transcendia a enorme ajuda que recebi desses profissionais. Ele traduzia simplesmente a falta de uma teoria do autismo, ou mesmo de uma teoria geral das psicoses.

De uma maneira geral, os pais que procuram tratamento psicanalítico para seus filhos trazem uma queixa mais ou menos bem delineada: agressividade excessiva ou, ao contrário, passividade da criança, dificuldades de aprendizagem, cacoetes, gagueira, enurese (urinar a cama durante o sono), terrores noturnos, medos anormais, apatia etc.

Quando começamos o tratamento de uma criança, é muito freqüente observarmos o desaparecimento ou diminuição da intensidade dos sintomas ainda nas entrevistas preliminares com os pais. O fato de poderem falar dos sintomas dos filhos (e de seus próprios sintomas) a alguém que está lá para ouvi-los e ajudá-los parece ter, em si, algum efeito.

Em minha experiência clínica pude observar que as crianças entendem o sentido de seus tratamentos e lhes dão valor, mesmo que em alguns momentos resistam e não tenham vontade de ir à sessão. Contam conosco para ajudá-las a resolver problemas que lhes trazem muito sofrimento. Valorizam o tratamento quando descobrem que são capazes de enfrentar situações que antes as aterrorizavam; quando dão contorno a seus fantasmas e podem lidar com eles de outra forma.

O tratamento psicanalítico de crianças autistas e psicóticas tem características muito diversas do de outras crianças. Elas parecem ter horror ao tratamento; nos dão a impressão de que lhes estamos impondo um suplício, o de estar a sós, num ambiente fechado, à mercê de um estranho que as solicita. O mesmo parece acontecer com as mães.

O leitor poderia argumentar agora que essa dificuldade de se manter a sós com um estranho num ambiente fechado pode se apresentar em qualquer criança, e não somente em autistas. De fato isso pode acontecer, e acontece com algumas crianças no início de um tratamento, dependendo de vários fatores, inclusive das fantasias da criança em relação ao tratamento. Uma das crianças que tratei e que se recusava a ficar a sós comigo nas primeiras sessões conseguiu dizer-me que temia que sua mãe a abandonasse ali comigo porque "já estava de saco cheio dela". Achava que sua mãe iria embora assim que a porta da sala se fechasse.

Quando se trata de crianças falantes, temos possibilidades de esclarecimento sobre a forma de tratamento. Mas isso não vale para crianças autistas e psicóticas.

Melanie Klein, considerada a primeira psicanalista de crianças, introduziu recursos lúdicos no cenário analítico para colaborar com os meios de expressão dos fantasmas infantis. Nesse sentido, quando montei meu primeiro consultório, adquiri uma grande quantidade de brinquedos como forma de aumentar o leque de possibilidades expressivas das crianças. Aos poucos, fui percebendo que essa quantidade de recursos estava deformando o setting analítico. Se funcionava como atrativo de início, posteriormente atrapalhava o processo analítico, colaborando, ao contrário do que eu imaginava, com a resistência ao tratamento. As crianças "adoravam" ir ao meu consultório para brincar, mantendo seus sintomas incólumes e, às vezes, até intensificados. Era como se estivéssemos premiando o sintoma com uma estante cheia de brinquedos. Ora, se o tratamento não pretende punir as crianças por causa dos sintomas que apresentam, também não pretende premiá-las por apresentarem tais sintomas!

No entanto, para crianças autistas e psicóticas a estante de brinquedos não parecia constituir atrativo algum. Fixadas na porta ou em mim, pareciam aterrorizadas.

A idéia de trazer a mãe para o setting analítico juntamente com a criança, ou seja, atender mãe e filho na mesma sessão, não é minha. Margaret Mahler já o havia proposto quando tentou construir o que chamou de "modelo tríplice": mãe, filho e analista. A proposta consistia em reconstruir a relação mãe-filho na cena analítica, mediada pelo psicanalista.

Algumas vezes tentei utilizar esse modelo, sem nenhum sucesso. A presença da mãe *e* da criança trazia consigo problemas teóricos e metodológicos. Geralmente, o que acontecia era que a mãe falava acerca da criança, que por sua vez tentava claramente "sabotar" o processo analítico de alguma forma, quer se agitando, quer me solicitando, ou solicitando a mãe. Eram sessões tensas, pesadas e improdutivas.

Em 1997, já de posse da hipótese de que o autismo é uma forma especial de hipnose, e que mãe e filho, nesse caso, constituem uma unidade psíquica, retornei à idéia de Margaret Mahler.

Isso se deu por outra via: a da aplicação de minha hipótese. Ora, se o autismo é um estado hipnótico, qualquer terapêutica deveria ter como objetivo desipnotizá-la, retirá-la desse estado, despertá-la. Seria uma espécie de choque contra-hipnótico, a realização de uma *separação psíquica*, de um *parto psíquico*.

Quando uma pessoa se encontra em estado hipnótico profundo, sonambúlico, somente o hipnotizador pode e deve despertá-la. Isso pode parecer assustador, mas não é muito diferente, nesse sentido, de um procedimento anestésico. Quando se faz uso de uma anestesia geral numa intervenção cirúrgica, somente o anestesista deve se ocupar com a indução anestésica, da mesma forma que da interrupção do procedimento. É claro que devemos fazer distinções importantes entre os dois processos (anestésico e o hipnótico), mas eles têm em comum a mesma atribuição de responsabilidade e perícia do profissional.

Parti, portanto, da premissa de que, no autismo, é a mãe do autista que ocupa o lugar e a função do hipnotizador. Conseqüentemente, concluí que deve caber a ela, e somente a ela, o poder de interromper esse processo. Não foi muito difícil fazer essa ilação, e graças a ela a entrada da mãe na cena analítica adquire outra função. É a ela que se dirige a intervenção, para que ela possa realizar essa *desipnotização*. Além disso, crianças autistas não são hipnotizáveis, o que, se por um lado colabora com minha hipótese (não são hipnotizáveis porque já se encontram em estado hipnótico), por outro, dificulta o processo. A solução seria, então, hipnotizar a mãe, e poder colaborar com o processo contra-hipnótico da criança através dela, mãe.

A esta altura, o leitor poderia me questionar. Por que construí um método que não pode ser comprovado cientificamente, um método sem bases sólidas. É claro que eu mesma me fiz estas perguntas — senão não as traria para este texto.

No entanto, o método psicanalítico me oferece a fundamentação: a de repetir os passos de Freud na construção de seu método. A psicanálise é ao mesmo tempo um método de investigação e de tratamento e, tomando-a como base, eu poderia tentar construir um novo modelo, que se provaria a si mesmo (ou não) conforme os efeitos observados nas crianças. Resolvo assim dois problemas de uma só vez: comprovo (ou não) o método e as hipóteses tratando as crianças. A inexistência de contra-indicações no uso da hipnose me entusiasmava a aplicar o meu método. Na pior das hipóteses, não teria efeito algum.

A dificuldade residiria, a princípio, em encontrar algum apoio institucional para iniciar essa pesquisa. Baseada na experiência que vivi na PUC, imaginei que fosse encontrar resistência e medo por parte dos pais para experimentação de um novo modelo clínico. A hipótese ainda é um assunto cercado de lendas, folclore e misticismo, particularmente no Brasil. Eu teria de empreender uma espécie de campanha de esclarecimento e desmistificação para respaldar meu trabalho.

Foi assim que no início de 1997 procurei Luís Erlanger, então editor do *Globo Repórter*, para propor um programa sobre hipnose. Fui preparada para uma recusa, mas, para minha surpresa e satisfação, a idéia foi bem aceita. Em junho do mesmo ano, o programa foi ao ar e teve uma repercussão bem além das minhas melhores expectativas.

Quando Áurea, mãe de Marcos, um menino de 11 anos, procurou-me em março de 1997, eu jamais havia utilizado o método que idealizara. Minha experiência com a hipnose se limitava às aulas práticas do curso da Sociedade Brasileira de Hipnose Médica.

Áurea chegou a mim através da Internet e do referido trabalho que realizei com Luís Alfredo Moutinho, no qual formulo minha hipótese de base: a de que o autismo é uma forma particular de hipnose. Embora eu não descrevesse método algum nesse trabalho, Áurea interessou-se em saber do que se tratava.

Às primeiras entrevistas ela compareceu sozinha, e logo procurei deixar claro que eu nunca utilizara qualquer método de indução hipnótica, embora trabalhasse com crianças autistas na clínica psicanalítica há mais de vinte anos. Seria a minha primeira experiência, e Áurea parecia tão apreensiva quanto eu. Felizmente, ao mesmo tempo parecia também, tanto quanto eu, interessada em participar de uma investigação absolutamente original com algum embasamento teórico. Digo "algum" porque tenho consciência de que teoria e prática se constroem mutuamente e que seria impossível avançar teoricamente sem a experiência clínica. Eu tinha clareza de que não poderia fundamentar os pressupostos que elaborei sem a ousadia da experimentação.

Áurea vinha em busca de uma esperança, de algum caminho novo que ela pudesse trilhar. Já havia padecido uma via-crúcis junto a seu filho, sempre disponível e sem jamais medir esforços e sacrifícios para oferecer-lhe o melhor. Marcos não seria, a rigor, um caso típico de autismo precoce infantil, pois foi exposto a intensos sofrimentos desde os 11 dias de idade, sofrimentos que atingiram toda a família, mas especialmente sua mãe. Segundo ela, Marcos nasceu muito bem, lindo e saudável, mas aos 11 dias ele, que era calmo, acordou chorando muito, como se tivesse cólicas.

Nesse momento preciso informar ao leitor que Áurea engravidou do amante casado com outra mulher. A possibilidade de que algo tenha ocorrido durante os onze dias do pós-parto e do qual Áurea não consegue lembrar é enorme. A possibilidade de que esse "algo" fosse responsável pelo rompimento hipnótico é maior ainda.

Áurea ligou para o pediatra, que sugeriu o uso de um saco de água quente sobre o abdômen de Marcos, o que de nada adiantou. Mais ou menos às duas horas da tarde, ele começou a apresentar febre e Áurea notou que a orelha do seu bebê estava ficando roxa. Em pânico, saiu correndo para o pronto socorro pediátrico. O filho foi internado na emergência com um quadro de septicemia em fase inicial e acionou-se o esquema terapêutico de urgência: ampicilina e garamicina venosa, oxigenoterapia e monitoração cardiorrefratária. Conforme o comovente relato de sua mãe: "Acho que todos podem imaginar o que foi para mim ver meu primeiro filho em cima de uma mesa, cheio de fios e agulhas e depois indo para o Centro de Tratamento Intensivo. Pude sentir a dor de perder um filho. É algo incomparável e inexplicável. A dor se mistura ao desespero, à raiva e à impotência."

Marcos apresentava uma infecção urinária que não cedia apesar das grandes quantidades de medicação antibiótica de que fazia uso. No nono dia de internação, como a equipe médica não chegasse a qualquer conclusão e o quadro clínico se mantivesse estável, Áurea foi em busca de outro pediatra. Este sugeriu a imediata retirada de Marcos da clínica, pedindo que comparecessem ao seu consultório. Ao exame clínico, o médico observou que a bexiga do bebê estava muito dilatada e o encaminhou à ultra-sonografia, que constatou uma dilatação tal que poderia provocar a ruptura da bexiga. Imediatamente o pediatra o encaminhou para um cirurgião-pediatra que, com sua equipe, internou o menino e no mesmo dia retirou, através de sonda, em seis horas, o dobro da urina que de um adulto se retiraria em 24 horas. Marcos permaneceu internado para exames do aparelho urinário (raio-X com contraste e cistouretografia) por mais sete dias. Áurea esteve ao lado do filho o tempo todo presenciando o suplício. Revezava-se com parentes durante 24 horas para que o cateter não saísse do lugar, evitando nova tortura à procura de uma veia que não arrebentasse.

Mas a via-crúcis não parou aí. Foi constatada uma anomalia da válvula da uretra posterior, com indicação cirúrgica. Depararam-se então com mais dois problemas: quem iria operá-lo e como seria feita a cirurgia? O cirurgião renal do hospital recusou-se a fazê-la porque Marcos estava muito fraco e o corte cirúrgico poderia desenvolver uma outra infecção. O único especialista que poderia fazer uma cirurgia endoscópica (sem corte) estava num congresso e só retornaria em uma semana. Toda a equipe que se ocupava de Marcos ficou muito preocupada com o tempo, pois haviam conseguido diminuir a taxa de infecção e a cirurgia deveria ser feita antes que aumentasse novamente. Foi quando se lembraram de um cirurgião que, apesar de não ser pediatra, possuía a aparelhagem necessária para aquele tipo de procedimento. Ele foi contatado e a cirurgia, marcada para o dia seguinte. Áurea relata que falou com ele pelo telefone. Muito amável e direto, ele lhe disse que se tratava de uma cirurgia banal de apenas 20 minutos; que o menino ficaria muito bem; que no dia seguinte a estaria aguardando na casa de saúde às 7 horas da manhã. Para ela, este telefonema teve um efeito extremamente confortador: "Foi um alívio, depois de tantos obstáculos penosos, ouvir uma pessoa tão positiva que me passou tanta confiança e com simples palavras conseguiu me animar."

Não tenho dúvidas de que este episódio foi fundamental para o sucesso da intervenção cirúrgica que se seguiu.

No princípio de 1986, Marcos foi submetido a uma "ressecção endoscópica de válvula de uretra posterior do tipo I." Este nome todo quer dizer que a cirurgia foi feita por endoscopia, sem cortes. Áurea conta que a cirurgia e o pós-operatório correram maravilhosamente bem. Por outro lado, não se pode saber as conseqüências de uma anestesia geral numa criança de 26 dias.

Durante o período de internações o menino alimentou-se do leite materno e de soro endovenoso. Teve uma queda brutal de peso, sua aparência era a de um prematuro, mas o que chamava a atenção de sua mãe eram os olhos, muito abertos e vivos. Segundo ela, se o seu corpo traduzia doença, seus olhos traduziam vida.

No fim do segundo mês recuperou o peso, "parecia um Buda, muito gordo e careca, pois no hospital tiveram que raspar sua cabeça para pegar determinadas veias. Sua aparência era a de uma criança extremamente saudável apesar de seguidas infecções até os oito meses de idade" — segundo as palavras de Áurea.

É possível então que Marcos tenha retornado ao estado hipnótico aos oito meses de idade, quando desapareceram as infecções e instalou-se a imunidade própria de todas as crianças autistas com as quais tive contato até hoje. Até os oito anos não contraiu nenhuma doença infectocontagiosa infantil, apesar de ter tido contato com catapora, sarampo, caxumba, impetigo etc. No entanto, é impossível afirmar o momento exato em que se configurou o estado autístico.

A discussão da hipótese de Marcos ter "nascido autista ou não" já não tem sentido nem cabe no esquema teórico que construí, uma vez que parto do princípio de que toda criança nasce nesse estado. Lembro aqui que, segundo minha teoria, todas as crianças nascem em transe hipnótico, que as mantém ligadas à mãe como se fossem uma unidade mesmo após o parto.

Como todas as escalas de evolução psicomotora (integração entre a psique e o corpo) se dão a partir dos três meses de idade, concluí que é nessa fase que as crianças começam a despertar do sono hipnótico, a se separar progressivamente da mãe. Presumo, portanto, que tenha ocorrido com Marcos e sua mãe o seguinte: 1) ela teve um parto normal de uma criança normal; 2) durante os onze primeiros dias que antecederam a infecção, ocorreu algo com a mãe — episódio do qual ela "não se recorda" — que motivou uma separação precoce a abrupta entre ela e o filho; 3) a separação abrupta acabou com as defesas de Marcos, que eram as defesas maternas, e isso fez com que, ao sair forçadamente do estado hipnótico, o bebê adoecesse; 4) Marcos saiu do transe hipnótico aos 11 dias de idade e retornou a ele aos oito meses de idade, já como recurso defensivo secundário do seu organismo.

Poderíamos dizer, portanto, que o caso de Marcos não é um estado alotriótico primário (aquele que mantém mãe e bebê ligados desde a gestação), mas sim um estado alotriótico secundário, aquele que os "religa" após uma separação, um corte, abrupto. Marcos pode então ser diagnosticado como um autista secundário.

Tenho de desculpar-me com o leitor por ter me desviado de meu propósito de não entrar em considerações teóricas, mas não posso omitir esta distinção entre estado alotriótico primário e secundário, pois ela é o embrião de uma nova nosografia (classificação das doenças mentais) e portanto de uma nova forma de diagnosticar.

A questão do diagnóstico para a psicanálise é uma polêmica aberta. Para Freud, o diagnóstico diferencial entre a neurose e a psicose tinha uma função seletiva, já que ele não indicava a terapia analítica nos casos de psicose. Quando Jacques Lacan afirmou que "um analista não deve recuar diante da psicose", estava também mudando a função do diagnóstico, ou o modelo de tratamento. Ora, se vamos instituir a mesma terapêutica para neuróticos e psicóticos, qual a finalidade do diagnóstico diferencial? Ele se torna completamente dispensável.

Com o conceito de alotriose, posso agora tornar a função diagnóstica mais útil ao tratamento. Ele me permite identificar o chamado autismo precoce infantil com o estado alotriótico primário. São a mesma coisa.

Retomando o caso de Marcos, teríamos de considerá-lo em estado alotriótico secundário, segundo meu esquema teórico, pois, caso contrário, ele não teria adoecido tão gravemente logo nos primeiros dias de vida.

Foi somente na terceira entrevista com Áurea que combinamos iniciar o tratamento de Marcos através da hipnose. Eu não o conhecia ainda e não podia imaginar como ele reagiria a essa forma de tratamento. A solidão teórica nos impõe uma responsabilidade clínica muito maior. Eu não tinha com quem dividi-la, a não ser com Áurea, a mãe de Marcos, que se mostrava francamente entusiasmada a empreender a experiência.

Para minha surpresa, ao entrar no consultório pela primeira vez, Marcos deitou-se imediatamente no divã, coisa que jamais vira uma criança autista fazer. Ele já tinha 11 anos, era um menino bonito, que apresentava os esgares e estereotipias típicos dos autistas: olhar perdido, movimentos desconexos, repetição de palavras sem sentido etc. Áurea sentou-se na cadeira de balanço. A expectativa estava no ar, e não havia motivos para delongas. Iniciei logo com Áurea a indução hipnótica e a técnica do relaxamento progressivo. Prontamente, as feições de Marcos se transformaram, tornando-se relaxadas e serenas. Áurea apresentava os sinais relativos a um estado hipnoidal leve a médio. Enquanto eu conduzia a indução hipnótica, Marcos falou, com voz bem articulada e calma:

— Eu quero contar uma história. É a história de um homem chamado Davi.

Como ele interrompeu sua fala, sentei-me perto dele e perguntei:

— Você não quer continuar a história?

Mas ele fechou os olhos e não respondeu. Voltei ao meu lugar e prossegui. Como meu objetivo não era emitir nenhuma ordem sob hipnose, mas sim hipnotizar para *desipnotizar*, iniciei o processo de *desipnotização*. Quando Áurea despertou, disse sentir-se bem, e que tinha sido uma experiência muito agradável. Ao mesmo tempo, Marcos sentou-se no divã e, colocando as mãos nas têmporas, disse com a mesma voz firme e articulada:

— Que energia boa!

Áurea (mais do que eu) surpreendeu-se com a expressão usada por Marcos, pois ele nunca a utilizara antes. No entanto, não se recordava tê-lo ouvido falar durante o processo de indução hipnótica, e quando eu lhe perguntei a que "Davi" ele se referia, ela não soube me responder. O efeito imediato do uso da hipnose nos pareceu animador, e Marcos saiu do consultório parecendo mais tranqüilo. É preciso notar neste momento que até então ele jamais enunciara uma frase com princípio, meio e fim que fizesse sentido.

Na sessão seguinte, a mesma cena se repetiu. Áurea sentou-se na cadeira de balanço e o menino deitou-se no divã. Ela demonstrou entusiasmo com algumas mudanças que pôde perceber em seu filho. Tinha passado a semana sem a agitação que vinha apresentando ultimamente, mostrava-se mais independente e tinha suportado ficar numa festa no playground do prédio vizinho sem a presença da mãe, o que não acontecia antes.

Paralelamente, fui procurada por mais duas famílias de crianças autistas para o tratamento que eu acabava de criar. Dois meninos, um com 5 anos de idade e outro (que já tinha sido meu paciente dos 3 aos 7 anos aproximadamente) com 13 anos.

O novo modelo ainda não tinha nome, e, se por um lado não pode haver dúvidas de que ele tem sua origem na psicanálise, por outro, a introdução do recurso hipnótico me conduzia a alterações que aparentemente me afastavam do modelo analítico proposto por Freud.

capítulo VI

Psicanálise e aloterapia

Já se passaram alguns anos desde que passei a usar o método que denominei aloterapia, por sugestão da mãe de uma das crianças autistas que atendi nesse período, Marta Midori.

Como se trata de um modelo clínico novo, faço questão de que os pais e parentes próximos estejam informados dos pressupostos que norteiam minha conduta. É claro que certos pais se interessam mais pela questão técnica em jogo, outros menos, e procuro deixá-los completamente à vontade para perguntar, questionar e inclusive sugerir e participar da produção teórica.

Minha atitude nesses casos é bem diversa da posição do psicanalista. Nas entrevistas preliminares com os pais, exponho a minha forma de intervenção e justifico a utilização da indução hipnótica. Os termos alotriose e estado alotriótico para me referir à alienação já começam a ser de domínio de alguns pais.

Ainda é cedo para aprofundar certas questões acerca do próprio modelo, que vem sofrendo transformações constantes a partir dos efeitos observados e das respostas das crianças e seus familiares (principalmente a mãe) ao tratamento.

Nesse período atendi quinze crianças autistas, e nem todas permaneceram em tratamento, pelos mais variados motivos: mudança da família para outro estado, medo da hipnose etc. O aproveitamento nesses quinze casos foi bem diverso, dependendo de alguns fatores que já posso mencionar:

1) Grau de comprometimento: além do quadro autístico, ou melhor, alotriótico, certas crianças apresentavam outras patologias,

tais como disfunções neurológicas e lesões corticais como seqüela de doenças infecciosas, o que trazia alguns complicadores para os quais começo a dedicar minha atenção.

2) A idade em que se iniciou a terapia alotriótica: quanto mais cedo a intervenção alotriótica, mais cedo surgem os resultados positivos, já que a criança pequena ainda não estruturou certos padrões comportamentais típicos do autismo.

3) Interesse da família no tratamento: embora o enfoque desse novo tratamento esteja centrado na mãe, o suporte do pai, e da família como um todo, é fundamental no processo evolutivo. Nos casos em que não pude contar com o apoio do pai ou de quem cumprisse a função paterna, a evolução da criança se mostrou mais lenta, ou até mesmo obstruída.

No entanto, há alguns aspectos comuns a todas as crianças que foram nitidamente observados tanto por mim como pelos pais, familiares e profissionais que trabalham com elas:

- Todas elas estão menos agitadas e dão a impressão de que estão começando a "despertar", apropriando-se da realidade à sua volta.

- Como trabalho em conjunto com outros profissionais que atuam de forma diferente sobre essas crianças (fonoaudiólogos, psiquiatras, neurologistas, fisioterapeutas), tenho ouvido, com alegria, que a instituição do meu tratamento tem colaborado muito com o deles, dando-lhes melhores possibilidades de trabalho.

No caso de crianças medicadas corretamente e que ainda assim apresentavam crises convulsivas generalizadas ou agitação permanente, a impressão que tivemos foi a de que a hipnose potencializou o efeito medicamentoso, reduzindo a freqüência e a intensidade das crises. É visível que essas crianças estão mais calmas e podem suportar certas situações que antes não toleravam, como por exemplo freqüentar uma escola, ir a festas e reuniões sociais.

- O tratamento em si é mais proveitoso e menos penoso tanto para as mães como para as crianças, e isso é dito por elas.

Gostaria, entretanto, de chamar a atenção sobre um caso em especial que apresentou os efeitos mais notáveis.

Faustino já tinha sido meu paciente desde 1987, quando aos 3 anos teve início seu tratamento psicanalítico. Por motivos que não vêm ao caso no momento, seus pais decidiram interromper a terapia quando ele estava com pouco mais de 7 anos. Foi submetido a outros tratamentos e, quando atingiu os 12 anos, Virgínia, sua mãe decidiu interrompê-los. Quando, em 1997, me apresentei no *Globo Repórter* com uma nova perspectiva, a família me reconheceu durante o programa e Faustino pediu para voltar a se tratar comigo.

Já era, então, um adolescente de 13 anos, com várias estereotipias (balançava o corpo para frente e para trás) e ecolalias (repetia a mesma frase várias vezes: "Eu sou o namoradinho do Brasil.") Apresentara problemas nas várias escolas em que estudara; descontrolava-se em diversas situações, sem que se pudessem perceber os motivos de seu descontrole. Nem ele mesmo os conhecia.

Sua mãe sempre se mostrou muito interessada no tratamento de seu filho e dispôs-se imediatamente a se submeter à indução hipnótica na presença dele. É importante que o leitor tenha em mente que no meu tratamento eu hipnotizo a mãe para obter efeitos na criança. No momento em que a mãe está em transe hipnótico, a criança consegue liberar-se dela — das angústias, temores, humores da mãe — e relaxa, tendo as reações mais positivas. Na maioria dos casos essas reações se prolongam — quando não permanecem, tornando-se parte do seu todo psicológico.

No caso de Faustino, desde as primeiras sessões os efeitos foram extremamente animadores. As estereotipias e as ecolalias começaram a ceder lugar a alguma serenidade, só retornando em momentos em que Faustino ficava muito "nervoso", como ele próprio começou a perceber. No decorrer dos primeiros seis meses, surgiu uma possibilidade de diálogo; até então, ele só era capaz de responder telegraficamente às perguntas que sua mãe ou eu fazíamos. No segundo semestre ele já nos fazia perguntas e tentava responder de forma mais elaborada, embora ainda muito confusa.

Faustino, como expliquei na seção referente a ele, aprendeu a ler sozinho aos 2 anos de idade. Da mesma forma aprendeu sozinho a utilizar, confiante e seguro de si, o computador. Estava em tratamento comigo há pouco mais de oito meses quando escreveu uma peça de teatro e um roteiro de filme. A peça chamava-se *Vítima de uma porta* e era a história de um sujeito que tinha levado um tiro de um assaltante no olho, ao tentar identificá-lo pelo visor da porta. A moral da história é que, se não houvesse ali uma porta, ele não tinha levado um tiro no olho. A culpa era da porta. Mas essa peça se perdeu no computador ou em algum outro lugar e ele não a tem mais.

Já o roteiro do filme *O Homem-Antena* está completo e preservado, e creio que mereça estudo mais aprofundado. É marcado pela sincronia, onde tudo acontece ao mesmo tempo, e pela mistura de personagens reais como o porteiro de seu prédio e o rapaz da cantina de sua escola com personagens ficcionais como, o Homem-Antena, Felícia Reputa e outros. Felícia Reputa, a antagonista, confronta-se com o Homem-Antena — que também é Josué, tanto no Castelo do Mestre do Mal (em lugar ignorado) quanto em Botafogo e na praça do Largo do Machado, ambos no Rio de Janeiro. Embora se note a tentativa de enredar os personagens em pequenas tramas, não há exatamente uma história; tudo é chapado, unidimensional como um quadro primitivo, sem perspectiva. Mas há um final feliz.

Faustino ficou muito orgulhoso de sua produção e isso o animava, porque ele disse que agora conseguia *imaginar*! Perguntei-lhe se não o conseguia anteriormente e ele respondeu-me negativamente. "Só vinham números e letras" disse-me, encantado com a possibilidade de representação da imagem das coisas e das idéias.

Quando já fazia um ano que eu hipnotizava Virgínia em quase todas as sessões, Faustino disse-me que não queria mais a hipnose: "Agora prefiro só conversar." Com isso, queria dizer que não queria mais ser apenas um participante secundário, um co-partícipe do transe hipnótico da mãe.

A partir do início de 1999 Virgínia percebeu uma diferença notável em seu filho, com quem podia agora dialogar. Além disso verificou que ele era capaz de alterar seu comportamento de acordo com o diálogo. Todos que lidavam ou conviviam com ele passaram a ter a mesma impressão e a manifestaram. Passei a não utilizar mais a hipnose, e dialogávamos os três: Virgínia, Faustino e eu. Durante as sessões ele começou, então, a fazer listas das coisas que ele "não podia fazer", mas não nos quis mostrá-las na íntegra.

— Não pode mandar a avó tomar no cu, por exemplo.

Outros exemplos escritos por ele para não esquecer: "Não pode bater punheta em sala de aula"; "Não pode chamar preto de preto". E completou:

— Porque é racismo.

Perguntei-lhe se sabia o que era isso e ele respondeu-me que não.

— Já olhei no Aurélio e assim mesmo não entendi, não consigo entender...

Sua mãe tentou explicar-lhe que o racismo é um preconceito, o que ele também não entendeu. Deu então um exemplo para nos esclarecer o porquê de sua incompreensão:

— Eu tenho uma colega no colégio que é branca..., muito branca...

E parou para pensar.

— Só uma?, perguntei, sabendo que quando ele se refere a uma, é porque é uma mesmo, e não força de expressão.

— É, respondeu. Porque as outras são assim meio cor-de-rosa (e olhou seus braços e suas mãos, como que tentando definir sua própria cor). — Eu sou meio cor de bege. Só a Mara é branca mesmo e eu acho ela horrorosa. Se eu chamo ela de branquela ninguém dá bola, ninguém liga, nem ela. Mas se eu chamo a Laura de preta, todo mundo diz que eu sou racista. Não consigo entender isso.

Confesso que às vezes nem eu consigo entender isso.

Sua mãe tentou explicar-lhe sobre as generalizações indevidas e, ao contrário do que poderíamos esperar de qualquer adolescente de 15 anos, ele mostrou-se interessadíssimo em abstrações e conceituações e na associação errônea entre a cor da pele e certas características morais, éticas etc.

Perplexo mais do que indignado, ele afirmou:

— Só um babaca pode achar que uma pessoa é boa ou má por causa da cor da sua pele!

Fez-se um silêncio absoluto na sessão. Ele estava coberto de razão. Mas o que mais me impressionou foi perceber que Faustino tinha mais facilidade para entender, apreender, discursos mais elaborados do que respostas mais simples. A indignação de Faustino referia-se a um problema de natureza lógica, e não ao contexto social que dá suporte ao racismo. O que me chamou a atenção é que, por sua incapacidade metafórica, as palavras para ele não tinham *conota-*

ções, apenas *denotação*. Entenda-se por conotação o que há por trás das palavras e por denotação o entendimento das palavras no seu sentido literal. Fui eu que rompi o silêncio:

— Infelizmente existe muita gente "babaca", como você diz. Em todos os lugares.

Tive a impressão de que ele não me ouviu, porque a resposta que deu parecia uma continuação de seu pensamento anterior:

— A gente não tem como saber se uma pessoa é boa ou má só olhando pra ela.

Seu pensamento pareceu então apoderar-se de uma lógica pura e cristalina, que ele podia usar convenientemente a partir de então. Faustino saiu dessa sessão particularmente muito satisfeito.

Nessa mesma sessão verifiquei que ele carregava em sua mochila o tempo todo o dicionário Aurélio, e que o consultava com freqüência para tentar entender as palavras que não conhecia. Além de suas "listas", é claro. Estas tinham a forma de um regulamento, uma espécie de constituição privada e secreta que orientava suas ações.

A chegada do ano 2000 foi muito importante, segundo suas próprias palavras. Aliás, para ele, as datas são marcas importantes. Graças a elas, ele conseguia lembrar que começou o seu tratamento comigo em abril de 1987. Lembrava perfeitamente a data do início do tratamento, mas não minha fisionomia na época. Jamais me revelou o conteúdo total das suas listas. Pude perceber, porém, que as regras eram compostas basicamente de quatro verbos, com suas negativas, e sempre na 3ª pessoa: "quer", "pode", "necessita" e "deve".

Estes mesmos verbos aparecem também repetidamente nas músicas que vem compondo — "Letra e harmonia", diz ele com orgulho. Por exemplo, na composição que dedicou à sua "namorada do futuro", ele diz, entre outras coisas:

O meu prazer é te conquistar
O meu prazer é não te ofender
Se você não me esculachar
Quero ser legal com você...

Eu devo te respeitar...
Eu devo dividir as coisas
Dividir as coisas com você

Meu desejo é não te magoar
Magoar teu coração...
Que bombeia o sangue do teu corpo...
Vou tentar te amar direito...

Com esses quatro verbos, elaborei uma espécie de matriz que Faustino, aplica a todos os eventos do seu cotidiano. Para facilitar a compreensão do novo esquema teórico que estou começando a construir agora, decompus a matriz sob a forma de sentenças onde os verbos estão representados por suas iniciais, a barra sobre a letra, significando o *não*; e o ponto, a conjunção *e*.

Por exemplo:
q. p. n. d = quer e pode e necessita e deve
q. p. n. d̸ = quer e pode e necessita e não deve
q. p. n̸. d̸ = quer e pode e não necessita e não deve

E assim por diante, sendo que:
quer – refere-se ao desejo;
pode – refere-se à capacidade, ao potencial;
necessita – refere-se às imposições de seu corpo (não somente às fisiológicas);
deve – refere-se às imposições sociais, ou seja, à lei.

Foi com esses elementos que construí este primeiro quadro:

1) q. p. n. d
2) q. p. n. d̸
3) q. p. n̸. d̸
4) q. p̸. n̸. d̸
5) q̸. p̸. n̸. d̸
6) q. p̸. n. d
7) q. p. n̸. d
8) q. p̸. n̸. d
9) q. p̸. n. d̸
10) q̸. p. n. d
11) q̸. p̸. n. d
12) q̸. p̸. n̸. d
13) q̸. p. n. d̸
14) q̸. p. n̸. d

São portanto quatorze possibilidades ou sentenças que se inscrevem nesse esquema, bastante precário ainda. Em somente duas delas não há dúvidas quanto às possibilidades de realização da ação: na primeira, em que todos os elementos são positivos, e na quinta, onde todos os elementos são negativos (onde a ação naturalmente não se realiza mas não há dúvidas, e sim uma decisão). É um esquema anárquico onde todos os elementos em jogo parecem ter o mesmo valor, e o que parece importar por enquanto é a ausência da dúvida. É claro que não ignoro o fato de que existem inúmeros fatores que intervêm nas ações humanas em geral mas não fazem parte ainda do universo de Faustino. As outras doze sentenças requerem elaboração, ou seja, exigem uma análise de valor de cada elemento em cada situação, além de uma resolução. Isso quer dizer que cada uma destas doze situações o paralisa até que possa decidir o que fazer. Para isso necessita de definições, e é com isso que ele vem trabalhando ultimamente: definições e conceituações. Com isso ele se dirige agora à elaboração de uma *escala de valores*, e começa a se estabelecer uma *hierarquia*:

— As três coisas que eu mais detesto na vida são: injustiça, frustração e inveja, disse-me há pouco tempo.

— O que é injustiça?, perguntei.

Respondeu-me sem hesitação, como se essa definição já tivesse sido muito elaborada.

— Injustiça é quando eu sou acusado de alguma coisa que eu não fiz, disse taxativamente, parecendo satisfeito com seu conceito.

Seu conceito de injustiça foi construído por ele mesmo e é completamente auto-referenciado. A idéia de que todos são iguais perante a lei não tem nenhum valor para Faustino. O que importa para ele é apenas a sua relação com a lei. Se os outros a cumprem ou não, isso não é da sua conta, mas dos outros. Resumindo, o outro, seu semelhante, não importa para ele; importa apenas o *outro* que julga, que penaliza.

Deu-me então um exemplo para esclarecer seu conceito, que tentarei resumir. Houve um episódio em sua escola em que brigou com um colega por causa de um assento no transporte escolar. O outro armou-se de uma chave de fenda. Faustino então pensou:

1) Ele vai me bater com a chave de fenda;
2) Eu quero me proteger;
3) Para me proteger eu devo atacá-lo ou fugir;
4) Eu posso atacá-lo porque sou maior e mais forte que ele.

Como resultante deste raciocínio, deu um chute no peitoral do colega que o derrubou. Isso não lhe ofereceu nenhuma sensação de triunfo sobre o colega. Apenas sentiu-se bem por ter podido se proteger da chave de fenda.

Como resultado social, os dois foram suspensos por dois dias após conversa com a coordenadora.

Faustino acatou muito bem a decisão da escola.

1) Porque fui acusado de uma coisa que eu fiz.

2) Porque foi bom ficar em casa para pensar melhor no que eu fiz ou no que poderia fazer numa outra situação.

O fato de o colega ter sofrido a mesma pena não era problema dele. Não queria nem saber, não o afetava. Seu conceito de justiça se refere apenas a ele e sua relação com a lei.

Em outro episódio, também ocorrido na escola, esqueceu-se de fazer o dever de casa. No momento em que a professora decidiu fazer uma correção coletiva do trabalho, ele acusou-se imediatamente. No entanto, durante a correção conjunta, ele realizou o dever. Ao final da aula, a professora disse que ele estaria impedido de ir para o recreio como forma de punição por não ter cumprido o dever.

— Fiquei muito puto, disse ele em sua sessão comigo. Não entendi nada. Eu não fiz o dever porque eu me esqueci. Se ela dissesse que ia me telefonar todos os dias para me lembrar de fazer o dever, eu ia entender. E depois, eu já tinha feito o dever durante a aula. Por que é que ela tirou o meu recreio? Qual é o sentido dessa punição? O que é que tem uma coisa a ver com a outra?, perguntou indignado.

Não é uma pergunta fácil de ser respondida, pois a punição, de uma maneira geral, tem caráter arbitrário. Ela pretende criar uma *marca* para evitar que aquele ato se repita. Mas para Faustino o sentido da penalização é a reparação do erro. Reparado o erro, a penalização não faz sentido. Ele simplesmente não pode entender a arbitrariedade e não a aceita.

O que podemos concluir de imediato é que, na falta de respostas espontâneas — digamos assim, por enquanto —, ele recorre à filosofia! Filosofia, sim, de um tempo em que ela tinha a função de orientar o cotidiano das pessoas.

Não tenho a menor intenção de discutir aqui que função tem a filosofia no século XXI, e muito menos Faustino. O que importa para ele é poder usar as palavras e com elas formar conceitos que orientem suas ações, não só de uma maneira geral, mas nos mínimos detalhes. Detalhes estes que passam desapercebidos no dia-a-dia das pessoas consideradas "normais", pois elas têm seu comportamento automatizado. O que quero dizer é que, comparados a Faustino, somos uns autômatos que fazem e dizem coisas diariamente, sem saber que as fazemos, nem por que as fazemos ou dizemos.

Agora caberia perguntar em que a hipnose, ou melhor, a aloterapia teria a ver com os processos mentais que se desenvolvem no paciente. Deixarei a resposta por conta do próprio Faustino a quem perguntei se achava que as sessões de hipnose o tinham ajudado de uma maneira geral:

— Acho que sim, respondeu-me após ter pensado por algum tempo. Acho que estou percebendo coisas que eu não percebia antes... É, eu acho que estou diferente, sim. Mas, nem tanto.

Do que pude depreender, ele não sabia identificar exatamente o quê havia se transformado dentro dele. Perguntei-lhe então se achava que agora estava melhor do que antes. Ele teve de pensar. É claro que, quando lhe fiz tal pergunta, eu já tinha ouvido de sua mãe, de sua avó, da coordenadora da escola, que Faustino estava muito diferente. Agora era possível dialogar com ele tanto quanto observar os efeitos do diálogo em suas atitudes e ações.

— Não sei, ele me respondeu ainda pensativo. Têm coisas que estão melhores e outras que não.

Quis então saber se ele tinha lembrança de como era antes.

— Não gosto nem de lembrar, disse sem hesitação, e suas palavras foram acompanhadas de uma espécie de arrepio no corpo todo.

— Então, deve estar melhor agora, não é?, perguntei de forma conclusiva.

— Com certeza. Com certeza. Agora sim, eu tenho certeza. Está melhor agora, respondeu-me — e acredito que este "arrepio" que fez seu corpo tremer ao recordar-se de como era foi decisivo para a sua conclusão. Seu corpo tinha lhe dado a prova, a informação de que necessitava para sua avaliação.

Hoje Faustino tem 17 anos e completou o supletivo numa escola da rede regular de ensino, está aprendendo a tocar violão e guitarra numa escola de música e pensa muito em seu futuro; se vai ser um artista ou não, se vale a pena casar-se ou não, e ter filhos a quem ele possa ensinar tudo o que aprendeu.

— Quantos filhos você quer ter?, perguntei.

— Dois, um, ou nenhum, respondeu prontamente, pois já tinha pensado muito no assunto. Dois ou um, no caso de eu achar que vale a pena eu me casar, e nenhum, no caso de eu achar que não vale a pena eu me casar, explicou-me.

Do ponto de vista social, ou melhor, de sua sociabilização, Faustino é um rapaz bem-educado que cumprimenta as pessoas e preocupa-se em ser bom. Quem não o conhece bem, não sabe o enorme esforço que isso lhe custou e ainda lhe custa, se bem que agora "bem menor" como ele diz.

O "bom-dia" foi uma questão discutida e elaborada exaustivamente por ele com sua família e na terapia. Durante meses conversamos sobre o porquê do bom-dia, a quem ele deveria cumprimentar, a quem ele não deveria ou não necessitava cumprimentar.

— Mas eu tenho que dizer bom-dia para todo mundo? Até na rua?, perguntou.

Como parte da resolução do problema, Faustino começou a classificar as pessoas entre as que ele conhece e as que ele não conhece; as pessoas do primeiro grupo devem ser cumprimentadas, as outras, não.

— E as pessoas de quem eu não gosto?, prosseguiu, abrindo um novo problema. Eu quero que elas se danem, e daí eu vou ter que mentir que eu desejo um bom dia para elas?

— Será que você não pode escolher algumas pessoas para cumprimentar? Não fica mais fácil assim?, perguntei tentando colaborar com seu raciocínio.

— Olha, mais fácil mesmo seria não ter que cumprimentar ninguém. Assim seria mais fácil... É. A vida ficaria mais fácil assim.

Não havia nem tom de revolta em sua voz, nem rebeldia em seu gesto. Havia sim irritação, impaciência e uma preocupação em diminuir o imenso esforço que faz todos os dias quando sai de casa, seja para ir ao colégio, à escola de música ou ao shopping, onde gosta muito de passear. Não cumprimentar ninguém o deixaria mais à vontade no mundo das outras pessoas, no qual ele tem de fazer um esforço intelectual, matemático, lógico e filosófico para inserir-se.

Aos poucos, e muito lentamente, meu trabalho começa a repercutir, e tenho recebido pacientes a partir dos efeitos observados pelas professoras, pais e outros profissionais que também acompanham essas crianças.

Em cada novo tratamento, venho modificando a abordagem e até mesmo a forma de hipnotizar, cujos elementos me são oferecidos pela mãe e pela própria criança.

É difícil encerrar um trabalho quando a pesquisa em andamento me oferece diariamente novas situações e novos problemas a enfrentar. Por isso achei conveniente reservar a descrição mais detalhada dos casos clínicos para um próximo livro.

No entanto, eu não poderia deixar de mencionar a comoção que me toma, o impacto que tem me causado a reação das crianças e das mães, quando estas podem perceber, sob o efeito da hipnose, a força do elo que as liga, e o medo terrível, *imaginário*, de que esse elo se rompa.

Devo confessar aqui que em muitos momentos fui tomada por dúvidas em relação a esse novo método, pois tenho observado que, de uma maneira geral, após o primeiro período de tratamento, em que as crianças nos oferecem respostas animadoras, surge uma outra fase que nos dá a impressão de estagnação. Mas agora tenho mais clareza sobre essa fase, uma espécie de período de assimilação e reestruturação. Ele se dá em tempos diversos, conforme o sujeito em questão. Temos que levar em consideração que essas crianças têm de superar uma espécie de *gap*, de defasagem entre seu desenvolvimento e o das crianças de sua faixa etária. Em alguns aspectos, conseguem avançar muito além das outras, principalmente quanto à aprendizagem. No entanto, quanto ao convívio social, decididamente encontram mais dificuldades, mas podem se tornar sujeitos interessantes, criativos e colaboradores.

Serão sempre sujeitos diferenciados da "norma"? Talvez. Mas afinal não é isso que esperamos de todo sujeito que inicia um tratamento psicanalítico?

Enfim, há um novo caminho aberto, que pode nos conduzir a muitos outros. Talvez seja essa a minha contribuição pelo momento.

Bibliografia

CHERTOK, L. *A hipnose entre a psicanálise e a biologia*, Rio de Janeiro, Zahar, 1979.

______. "Résurgence de l'hypnose", *Bibliotèque Neuropsychiatre de Langue Française*, Paris, 1984.

______. *Hypnose: theorie, pratique et technique*, Paris, Payot, 1989.

______. *Cours historique des idées sur l'hypnose ou d'un 89 a l'autre*, Paris, Les Empêcheurs de Penser en Rond, 1991.

CHERTOK L. e I. STENGHERS. *O coração e a razão. A hipnose de Lavoisier e Lacan*, Rio de Janeiro, Jorge Zahar, 1989.

DUYCHAERTS, F. *Entre le psychique et le mental*, Paris, Les Empêcheurs de Penser en Rond, 1993.

ELLENBERGHER, H.F. *El descubrimiento del inconsciente. Historia y evolución de la psiquiatria dinámica*, Madri, Gredos, 1976.

FREUD, S. "Prefácio da tradução do trabalho de Bernheim sobre sugestão" (1888), *ESB*, vol.I.

______. "Resenha do livro de August Forel sobre hipnotismo" (1889), *ESB*, vol.I.

______. "Hipnose" (1891), *ESB*, vol.I.

______. "Um caso de tratamento pelo hipnotismo bem-sucedido" (1892), *ESB*, vol.I.

______. "Prefácio e notas ao pé da página da tradução das 'Leçons du mardi', de Charcot" (1892), *ESB*, vol.I.

______. "Esboço sobre as 'Comunicações Preliminares' de 1893 sobre a teoria dos ataques histéricos" (1941), *ESB*, vol.I.

______. "A concepção psicanalítica da perturbação psicogênica da visão" (1910), *ESB*, vol.XI.

______. "Observações sobre o amor transferencial" (1915), *ESB*, vol.XII.

______. "Sobre a história do movimento psicanalítico" (1914), *ESB*, vol.XIV.

______. "A psicologia de grupo e a análise do ego. A descrição feita por Le Bon da mente coletiva" (1921), *ESB*, vol.XVIII.

______. "Sonhos e telepatia" (1922), *ESB*, vol.XVIII.

______. "Psicanálise e telepatia" (1941), *ESB*, vol.XVIII.

______. "A perda da realidade na neurose e na psicose" (1924), *ESB*, vol.XIX.

LEBOVICI, S. e Ph. MAZET, *Autismo e psicoses da criança*, Porto Alegre, Artes Médicas, 1991.

MESMER, F.-A. *Le secret d'un magnétiseur*, Paris, Navarin, 1990.

NAHLER, M. *As psicoses infantis e outros estudos*, Porto Alegre, Artes Médicas, 1983.

PALACI, J. *Psychanalyse, transfert et hypnose*, Paris, Les Empêcheurs de Penser en Rond, 1991.

PESSOTTI, I. *A loucura e as épocas*, São Paulo, Ed. 34, 1995.

RANSKI, F. *Le quatrième état organismique. Refléxions théoriques et cliniques sur une hypothèse chertokienne*, Paris, Les Empêcheurs de Penser en Rond, 1993.

SCHMIDT, A.M. *Paracelse ou la force qui va*, Paris, Plon, 1967.

TRILLAT, E. *História da histeria*, São Paulo, Escuta, 1991.

TUSTIN, F. *Autismo e psicose infantil*, Rio de Janeiro, Imago, 1972.

______. *Autistic objects*, IRP, 1980.

______. *Estados autísticos em crianças*, Rio de Janeiro, Imago, 1984.

ZWEIG, S. "Franz Anton Mesmer" in *Obras Completas de Stefan Zweig*, vol.VII, Rio de Janeiro, Ed. Delta, 1960.

Agradecimentos

Durante quase dez anos, meu trabalho de investigação e estudo da reintrodução da hipnose no método psicanalítico foi bastante solitário. Poucos profissionais — entre eles Jane Nogueira, Regina Neri e Sílvia Disitzer — demonstraram interesse em conhecer esse novo modelo clínico, agora em curso. Medo da hipnose e dos mistérios que ela traz consigo? Preconceito? Há muito tempo essa matéria tem sido estudada à luz da ciência, e alguns de seus efeitos já foram comprovados, tais como a analgesia, anestesia, alucinações etc...

Não fosse o estímulo constante e exigente de Fausto Wolff, este livro não teria sido escrito, apesar do andamento de minha pesquisa sobre um método clínico específico para o tratamento dos estados autísticos.

Tenho recebido pacientes que me são indicados por colegas. Alguns são atendidos gratuitamente, pois não têm condições de pagar o tratamento. No entanto, tenho recebido também um apoio extraordinário de pessoas que, não sendo profissionais de minha área, se sensibilizaram com meu esforço e puderam ver sentido nas proposições teóricas que fiz. É o exemplo de Marta Midori, fundadora e presidente da Casa do Autista, e de Sérgio Tolipan, que têm se mobilizado especialmente no apoio e divulgação do trabalho que venho realizando.

Outras pessoas, além de terem manifestado desejo de acompanhar a evolução da pesquisa, adotaram financeiramente o tratamento de algumas crianças. Faço questão de mencioná-los por sua generosidade e interesse num campo de pesquisa que não tem sido valorizado — o bem-estar humano: Eduardo Tolipan Jr., Antonio Paulo Pierotti, Vicente Pierotti, Alexandre Esperança, Maria Vitória Seixas Caldas.

Este livro foi composto pela TopTextos Edições Gráficas, em Agaramond e ITC Legacy, e impresso pela Cromosete Gráfica e Editora em julho de 2002.